Vorwort

Nahezu ein halbes Jahrhundert verlief zwischen der deutsch-tschechoslowakischen Grenze der sogenannte „Eiserne Vorhang", der eine Kulturlandschaft mitten im Herzen Europas teilte, die immer, oder doch wenigstens sehr oft, von den großen politischen Entscheidungen in Europa mit stark beeinflußt worden war. Der „Dreißigjährige Krieg" ist nur eines, wenngleich das augenfälligste und wohl auch dramatischste Beispiel dafür.

Seit dem Fall des „Eisernen Vorhangs" ist es nicht mehr nötig, in historischen oder ideologischen Prozessen zu denken: Die Bürger diesseits und jenseits der deutsch-tschechischen Grenze wollen ganz gegenwärtig und gegenständlich handeln. Sie wollen das jeweilige Nachbarland kennenlernen, Kontakte mit den Menschen knüpfen und Chancen ergreifen. Diesem Ziel vor allem soll dieser Band, der durch „Das Bäderdreieck im Egerland" führt, dienen – vor allem auch deswegen, weil gerade diese Region, die traditionelle Heimat der Sudetendeutschen, durch ihre über Jahrhunderte währende deutsche Geschichte entscheidend mitgeprägt worden ist.

Der Verlag

Eger und das Egerland

„Auf dem sagenumwobenen Tillenberge, dem nordwestlichen Grenzpfeiler des Böhmerwaldes, befindet sich in einer Höhe von mehr als 900 m ein Stein. Aus der verwitterten Inschrift glaubt man lesen zu können, daß hier der Mittelpunkt Europas liege. Von der Höhe des Berges schaust du über alte, dunkle Wälder hinab in das höhenumkränzte Becken des Egerlandes... Im Süden schiebt sich der Böhmerwald mit seinem nordwestlichen Ausläufer, dem Tillenberge, an das Egerland heran, im Südosten der Kaiserwald, ein Paradies der Wintersportler. Im Osten grüßt von einem Seitenkamme des Erzgebirges, dem Kulmer Riegel, die berühmte Wallfahrtskirche von Maria Kulm herunter, im Nordosten steigt über dem Kamm des Erzgebirges, gleich einer ungeheueren Ruine, der Hohe Stein empor, im Norden türmt sich aus dem Elstergebirge die Pyramide des Kapellenberges auf, im Westen umsäumen die Vorhöhen des Fichtelgebirges, Grünberg und Plattenberg, das fruchtbare Becken zu ihren Füßen."

(Alfred Heinrich: Unser Egerland im Bilde, 1928)

Egerland! Was ist das eigentlich für ein kleines und unbekanntes Ländchen? Ist es das einstmalige Gebiet der *regio Egere*, das nordgauische Sprachgebiet mit einem bayerischen und einem böhmischen Teil? Oder ist es nur das staufische *„Historische Egerland"*, seit Jahrhunderten dem Königreich Böhmen einverleibtes und mit eigenständigen Rechten ausgestattetes Land? Umfaßt dieses Gebiet nur die ehemaligen Landkreise Eger und Asch? Ist es der heutige Landkreis mit dem neu angeschlossenen Marienbader Gebiet? Oder ist es eigentlich das sogenannte *Weitere Egerland*, das vormals deutsche Siedlungsgebiet im nordwestlichen Böhmen, verbunden durch innere Zusammengehörigkeit seiner Bewohner in Sitte und Brauch und durch die Egerländer Mundart? Ist es das *Große Egerland*, das vom Südhang des Erzgebirges ostwärts von Karlsbad bis zur Further Senke reichte? Oder ist es nur das *Dominium Egrensis* von Haslau bis Königswart und von Mühlbach bis Königsberg? Wie viele Egerlande gibt es?
Bleiben wir diesmal in dem schönen Gebiet des Bäderdreiecks Karlsbad – Marienbad – Franzensbad. Versuchen wir näher die drei verschiedenen Bäder kennenzulernen. *Karlsbad* – die aus einer kleinen Siedlung im engen Tepltal erwachsene große und belebte Kur- und Industriestadt mit Glas, Porzellan, Oblaten und Becherbitter als Wahrzeichen. *Marienbad* – die Perle der böhmischen Kurorte, einem Kurort, der ganz im Grün der Bäume

wie in einem ausgedehnten Park liegt. *Franzensbad* – den kleinen, reizvollen Kurort mit seiner noch heute gegenwärtigen Atmosphäre der Biedermeierzeit.

Und natürlich auch *Eger,* die einst stattliche, industriell und wirtschaftlich aufstrebende Stadt, deren vorzügliche Verkehrslage sie zum wichtigsten Transitort zwischen Böhmen, Bayern und Sachsen bestimmte und die das wahre Handels- und Kulturzentrum des ganzen Egerlandes war. Eine Stadt, die trotz wechselvoller Geschichte ihr ursprüngliches Aussehen in stimmungsvoller Romantik bis zum heutigen Tag bewahren konnte.

Alte Sühnkreuze in Mühlessen

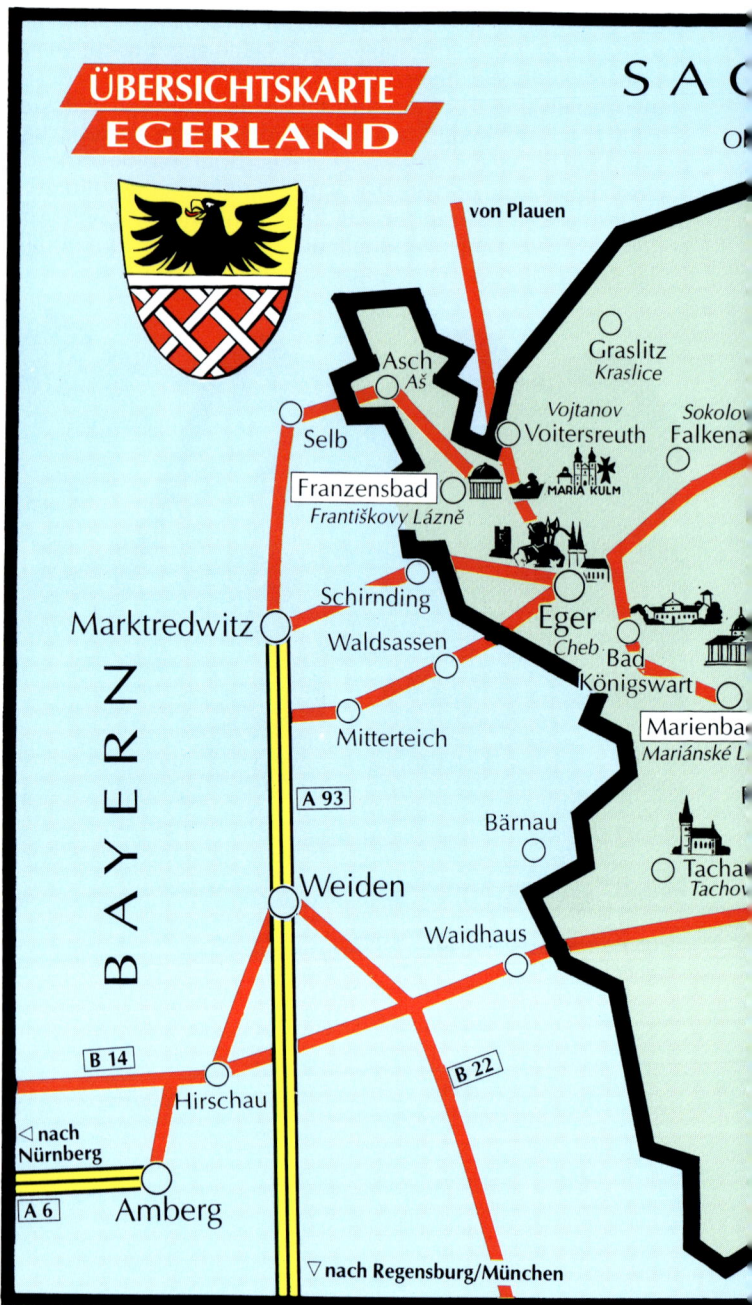

ÜBERSICHTSKARTE
EGERLAND

SAC

von Plauen

Graslitz
Kraslice

Vojtanov
Voitersreuth
Sokolo
Falkena

Asch
Aš

Selb

Franzensbad
Františkovy Lázně

MARIA KULM

Schirnding

Marktredwitz

Eger
Cheb
Bad
Königswart

Waldsassen

Marienba
Mariánské L

Mitterteich

A 93

Bärnau

Tacha
Tachov

B A Y E R N

Weiden

Waidhaus

B 14

Hirschau

◁ nach
Nürnberg

B 22

A 6
Amberg

▽ nach Regensburg/München

6

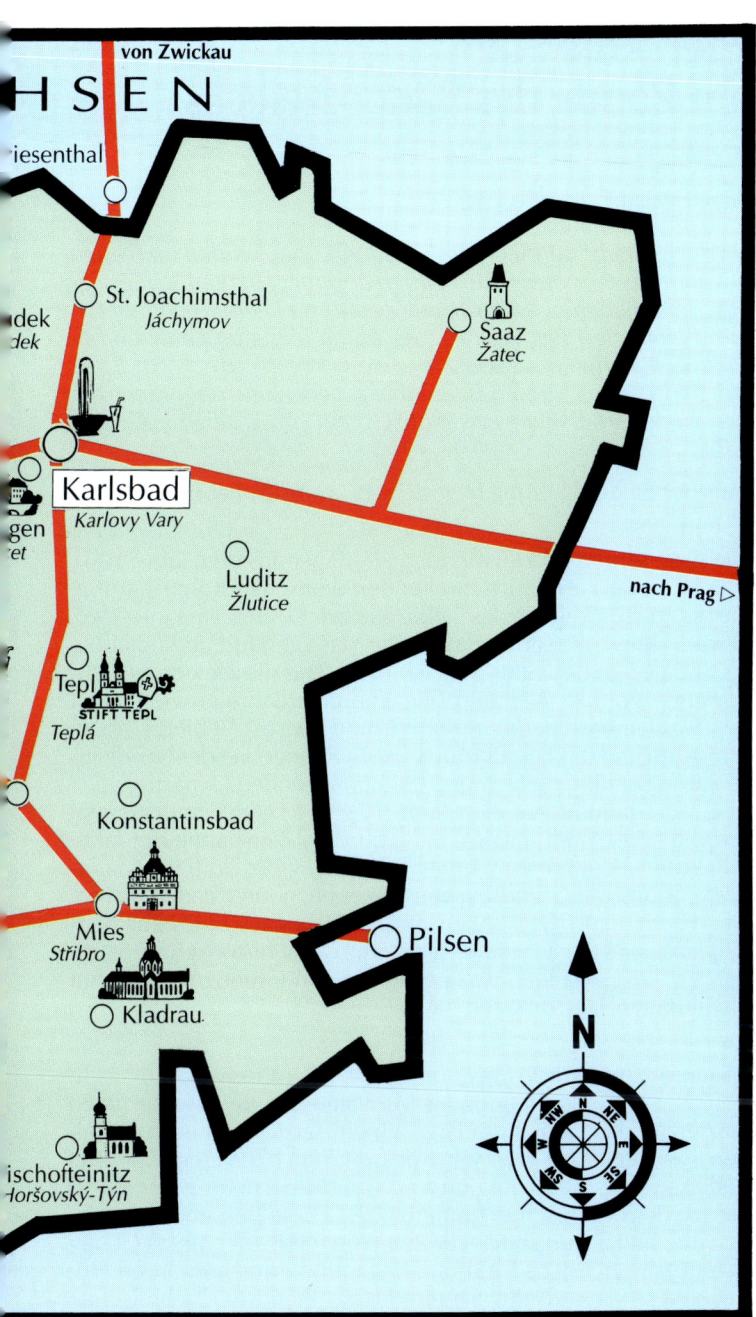

von Zwickau

H S E N

iesenthal

St. Joachimsthal
Jáchymov

dek
dek

Karlsbad
Karlovy Vary

Saaz
Žatec

gen
et

Luditz
Žlutice

nach Prag ▷

Tepl
STIFT TEPL
Teplá

Konstantinsbad

Mies
Stříbro

Pilsen

Kladrau

N

ischofteinitz
Horšovský-Týn

7

Eger – die Stadt am Rande des Bäderdreiecks

Aus Egers Geschichte

„Wir, Heinrich, durch Gottes Gnaden König, wollen, daß allen bekannt werde, wie wir auf Antrieb unserer geliebten Mutter Agnes, der erhabenen Kaiserin, einem unserer Diener, genannt Otnant, einen Teil des Waldes, der durch folgende Grenzen bestimmt ist, nämlich . . . b i s z u j e n e m W e g e , d e r v o n E g e r h e r a b k o m m t . . . zum Eigentume gegeben und übertragen haben, in der Art, daß der erwähnte Otnant von da ab freie Gewalt habe."

(Aus der Urkunde König Heinrichs IV. vom 13. Februar 1061)

Die erste schriftliche Erwähnung über Eger aus dem Jahre 1061 zeugt von der rasch fortschreitenden deutschen Kolonisierung, die bis an die Grenzen des Gebietes Eger vorstieß. Im Jahre 1167 gewann Kaiser Friedrich Barbarossa das Egerland und erkannte alsbald dessen Bedeutung als Grenzland für die Ziele seiner kaiserlichen Politik. Während der einhundertjährigen Herrschaft der Staufer wurde die Kolonisierung dieses Gebietes abgeschlossen und das Egerland aus einem Randgebiet des Nordgaues zur selbständigen Domäne der herrschenden Dynastie.
In einer Urkunde aus dem Jahre 1203 ist Eger zum erstenmal schriftlich als Stadt (civitas) belegt. In die Zeitspanne der Jahre 1203 bis 1215 können wir die Ausweitung des dortigen Marktfleckens und die Gründung einer eigenen, neuen Stadt datieren. Nach dem Brand der Stadt im Jahre 1270 begann eine neue Bautätigkeit, die die Grundrißdisposition des historischen Stadtkerns so ausgestaltete, wie sie sich in den Grundzügen bis auf die heutigen Tage erhalten hat.

Im Jahre 1266 wurde Eger von einem Heer Premysl Otokars II. besetzt, der seine Stellung als Verwalter der Reichsgüter dazu ausnützte, das Gebiet um Eger seinem Territorium einzuverleiben. Die Regierung Premysls war ein Versuch um eine dauernde Beherrschung dieser Region und um die Sicherung der Westgrenze des böhmischen Königreiches. Diese Bemühungen fanden ihre Fortsetzung auch zur Zeit Wenzels II., der dieses Gebiet in den Jahren 1291–1304 innehatte, und erreichten ihren Höhepunkt im Erwerb des Egerlandes als Pfand der böhmischen Krone im Jahre 1322.

*„Wir Johans von gotes genaden chunig ze Behem und ze Polan
und graffe zu Luzemburgch . . . gelobe wir i(h)n(en) stett zu be-
halten alle die rechte, die sie von romischen keysern und romischen chunigen biz her bracht haben und in redlichen von in
verlihen sint. Es ist auch unser wille, daz allez daz, daz iczund
bei dem gerichte ist, da bei belibe, nicht von uns dar abe zu ne-
men."*

(Aus der Urkunde Johannes von Böhmen
vom 23. Oktober 1322)

Diese staatsrechtliche Urkunde des böhmischen Königs bildete
die Grundlage für eine Sonderstellung des Egerlandes im Rah-
men der Länder der böhmischen Krone und regelte für weitere
Zeiten das Verhältnis der Stadt Eger zu Böhmen. Der Anschluß
des Egerlandes an das Königreich Böhmen erwies sich für die
Stadt selbst als äußerst segensreich. Nach dem Jahre 1322 wurde der Untergang der Egerer Ministerialität vollendet und die
Stadt Eger begann mit der Beherrschung der ganzen umliegenden Region. Die wirtschaftliche Macht der Stadt bildeten Ein-
künfte aus ihrer Handels- und Handwerkstätigkeit, deren Sicherung und Aufwärtsentwicklung nur unter dem starken Schutz
des Herrschers möglich war. Nach dem Regierungsantritt Karls
IV. erfolgt bei der allgemeinen Straffung der staatsrechtlichen
Bande der böhmischen Länder auch eine festere Einbeziehung
des Egerlandes als eines unveräußerlichen Gebietes.

Die führende Rolle der Stadt Eger im ganzen Egerland am Beginn des 15. Jahrhunderts hatte ihre wirtschaftliche und militärische Machtbasis. Die Stadt gehörte damals mit ihren 7300 Einwohnern zu den größten und reichsten Städten der böhmischen
Krone, die Innenstadt zählte etwa 400, die Vorstädte allein gegen 200 Häuser. Die Egerer Bürger unterhielten eine eigene Be-
reitschaftstruppe, die aus angeheuerten Söldnern bestand und
durch Zunfabteilungen ergänzt wurde.

Im Kampf des katholischen Lagers gegen das hussitische Böhmen beteiligte sich die katholische Stadt Eger aktiv an der Seite
der antihussitischen Koalition. Sie entsandte ihre Bereitschafts-
truppe zu verschiedenen Kampfplätzen während der ganzen
Zeit der Hussitenkriege und nahm an allen Kreuzzügen gegen
die Hussiten teil. Im Juni 1430 geriet die Stadt Eger in große Ge-
fahr, als die Hussiten auf ihrem Weg von Nürnberg nach Böhmen Eger passierten. Sie brannten einen Teil der Stadtmauern in
der Obertorvorstadt nieder, konnten aber nach längeren Verhandlungen durch Zahlung einer großen Geldsumme zum Ab-
zug bewegt werden.

Am Ende der zwanziger Jahre des 15. Jahrhunderts kommt es zu den ersten Verhandlungen zwischen den Hussiten und der katholischen Seite. Eger wird damals die wichtige Rolle eines Vermittlers zugeschrieben. Im Mai 1432 trafen hier die Vertreter der Hussiten mit einer Deputation des Konzils zusammen, um Bedingungen für eine Anhörung der Hussiten in Basel auszuhandeln. Nach schwierigen Verhandlungen wurde ein Abkommen in elf Punkten gebilligt, die der hussitischen Partei freie Anhörung zugestanden hatten.

Unter der Regierung des Königs Georg von Podiebrad entstand im Laufe der zweiten Hälfte des 15. Jahrhunderts eine bewundernswert loyale Einstellung der Bürger der Stadt Eger zum böhmischen Staat und dessen Herrscher. Diese wechselseitig positive und nutzbringende Beziehung, bei der Georg an der Westgrenze einen verläßlichen Partner und die Stadt wiederum einen Schirmherr gewann, der ihr weitere wirtschaftliche Prosperität garantierte, dauerte volle drei Jahrzehnte. Angesichts der vorteilhaften geographischen Lage der an der Grenze zweier Machtblöcke gelegenen Stadt trat bald die neue Rolle Egers als Friedensvermittler und wichtiger Begegnungsort zur Lösung von Streitfragen durch Verhandlungen zutage.

Georg von Podiebrad besuchte als böhmischer König insgesamt viermal die Stadt und seine Besuche standen stets in Verbindung mit politischen Verhandlungen. Der Kampf gegen den König bedeutete aber auch eine Bedrohung der Interessen der Stadt, und so blieb Eger an der Seite des böhmischen Königs selbst nach verstärktem Druck der katholischen Partei. Die Egerer änderten ihre Haltung auch nicht nach der Verhängung eines Kirchenbanns. Der Zeitraum der Beziehungen zwischen König Georg und der Stadt Eger gehört zu den beispielhaften Kapiteln in der Geschichte der Stadt.

„Die statt hat auch ihre gewaltige / und reiche getreidtsböden / darauf allerley getreydts hauffen ligen. Sie hat auch ein rüstkammer oder Zeughaus / unnd das mit allerlei wehren / gschos / kreigsinstrumenten und rüstungen / dermassen staffiert / daz so du es sehest / würdestu warlich nicht minder denn ich loben. Sie hat innerhalb der Mauern zwo Mülen / außerhalb drey / zwey Spital / deren eins daz Brüder Haus genennet / Vier gemeine Badstuben / Drey haupt Thor / drey kleine thurlein / dadurch man die Burgermeister / so sie etwan aussen gewesen und sich verspete einlest: denn schwerlich niemand anders wirt alda bey nechtlicher weil eingelassen. Unter den haupt Thoren ist eins / wird das Brucktor genennet / denn do ist eine hultzene unnd veste bruck über die Eger geschlossen."

(Caspar Bruschius: Von der statt Eger, 1542)

Die Burgkapelle zu Eger

Die in der Mitte des 16. Jahrhunderts als anmutiger Renaissance-ort beschriebene, in einem bezaubernden Tal gelegene Stadt Eger war nur scheinbar so beschaulich. Die Bauernkriege und Reformationsideen enthüllten auch hier die aufkommenden sozialen und religiösen Spannungen. In der nächsten Umgebung Egers setzte sich bereits in den vierziger Jahren voll die evangelische Lehre durch und in der Stadt selbst gab es viele Anhänger des neuen Glaubens. Desungeachtet blieb Eger offiziell eine katholische Stadt. Erst nach dem Abschluß des Augsburger Friedens, der die Gleichberechtigung des alten und des neuen Glaubens anerkannte, findet das Luthertum auch in Eger Eingang.

Die Einführung der Reformation trug nachhaltig zur Entfaltung des kulturellen Lebens der Stadt bei. Zunftbräuche und Feste, von denen das bekannte Fahnenschwingen bis zum Beginn unseres Jahrhunderts fortdauerte, Sängerwettbewerbe der Zunftmeister, weltliche Dramen und volkstümliche Possen der Schüler der Egerer Lateinschule bereicherten allmählich in bisher ungeahntem Ausmaß das Leben der Stadt. Das Gymnasium in Eger, das unter die Oberaufsicht des protestantischen Stadtrates gelangt war, wurde zum Mittelpunkt humanistischer Bildung und Erziehung.

„Ein Stein könnte sich erbarmen was wir schon alles erlitten und ausgestanden haben, ein Drittel der Stadt ist abgebrannt, nur Trümmer sind vorhanden, noch liegen die drei Vorstädt in Aschen. Kaum hundert angesessene Bürger sind noch hier, täglich verlassen andere die Stadt. Die Dorfschaften sind verödet, acht in Brand gesteckt. Was Bürger und Bauer am Leibe tragen, ist ihr einzig Hab und Gut, alles ist am Bettelsack gebracht. Um den heiligen, bluttriesenden fünf Wunden Christi willen, bitten wir Euere Majestät, uns von weiteren Gräulen zu verschonen."

(Aus dem Schreiben der Egerer vom 5. Dezember 1640 an Kaiser Ferdinand III.)

Die strategisch wichtige Lage Egers als Einfallstor nach Böhmen machte die Stadt im Dreißigjährigen Krieg zu einer vorteilhaften Operationsbasis für beide Kampfparteien, die einander in der Eroberung der Stadt, in der Plünderung der Umgebung, in der Einhebung von Kontributionen und in der Beschlagnahme der Vorräte fast regelmäßig abwechselten. Im Jahre 1631 wurde Eger von sächsischen Truppen erobert, ein Jahr später gewann Albrecht von Wallenstein die Stadt zurück, die im Jahre 1647 wieder von Schweden besetzt wurde. Im Jahre 1625 erschien Albrecht von Wallenstein persönlich zum erstenmal vor Eger und sein Name sollte für immer mit der Stadt verbunden bleiben. Sein erster Aufenthalt hier hatte auch die erste große Verelendung der Stadt und ihrer Umgebung zur Folge. Eger hatte sich noch nicht von den angerichteten Schäden erholt, da wurde es schon von der unerbittlichen Rekatholisierungspolitik der Habsburger betroffen.

Im Februar 1634 kam Wallenstein nach Eger zum fünften und letzten Mal. Er war bereits schon als Oberkommandierender abgesetzt, hoffte jedoch, aus dem befestigten Eger heraus verhandeln zu können. In Wirklichkeit hatten ihn bereits seine Obristen verraten. Am 25. Februar 1634 wurden vom Stadtkommandanten Gordon Wallensteins getreue Offiziere Illov, Trczka, Kinsky und der Sekretär Neumann zu einem Gastmahl auf die Burg eingeladen und dort unbarmherzig niedergemetzelt. Eine Gruppe von Soldaten drang dann in das Haus auf dem Marktplatz ein, wo Rittmeister Deveroux kaltblütig Wallenstein mit einer Hellebarde durchbohrte.

Wallensteins Tod änderte die Situation der Stadt keineswegs und der fortschreitende Krieg brachte sie an den Rand des Abgrunds. Ein Drittel der Häuser und alle Vorstädte wurden verwüstet, viele Handwerker und Kaufleute emigrierten, Eger war eine verödete, verwahrloste Stadt.

Die zweimalige Besetzung Egers im Laufe des Dreißigjährigen Krieges machte die Veralterung und Unwirksamkeit der Stadtbefestigungen deutlich. Die wichtige Lage der Stadt an der Westgrenze Böhmens war daher entscheidend, daß Ferdinand III. im Juli 1652 ein Dekret über den Umbau Egers zu einer Militärfestung unterzeichnete. Bereits im ausgehenden 17. Jahrhundert war Eger offiziell Grenzfestung. Die ganze Stadt umgab ein System zweier barocker Gräben mit sieben großen Bastionen.

„Die Statt Eger ist durchaus über die massen schön / innerhalb mit prächtigen Häusern / und höfflichen / leutseligen und tugenliebenden Inwohnern geziert: ausserhalb aber mit den allerlustigsten und fruchtbarsten Gärten und Feldern / und Fischreichen Wassern versehen: und hat heutiges Tags von wegen deß guten Mäts / so von den Inwohnern wird gemacht und alle andere ubertrifft / einen großen Ruf."

(Aus Beschreibung der gantzen Welt, Amsterdam 1651)

Die allmähliche Besserung der wirtschaftlichen Situation in der zweiten Hälfte des 17. Jahrhunderts fand ihren Niederschlag in einer intensiven Bautätigkeit und Gesamtbelebung der Stadt. Einen wichtigen Beitrag zur barocken Kunstproduktion leisteten in Eger die Tischler und Schnitzer. Die bei der Möbelverzierung angewandten plastischen farbigen Intarsien sind bis heute unter der Bezeichnung „Egerer Arbeiten" bekannt und in den Sammlungen der größten Museen vertreten.

Seit dem Ende des 17. Jahrhunderts begann sich die Stadt allmählich wirtschaftlich und kulturell zu erholen. Die einst durch ihren weltbekannt besten, in viele Länder ausgeführten Met berühmte Stadt Eger erlangte aber nie mehr ihre alte Bedeutung wieder. Die ehemals privilegierte freie Reichsstadt verlor nach dem Dreißigjährigen Krieg an Bedeutung und Glanz. Hand in Hand mit dem Verfall der wirtschaftlichen Macht im Laufe des 18. Jahrhunderts können wir auch einen Rückgang des politischen Einflusses beobachten. Im Jahre 1721 traten in Eger zum letztenmal die politischen Repräsentanten des Egerlandes zusammen, um die Pragmatische Sanktion zu billigen, mit der Karl VI. die Unteilbarkeit der habsburgischen Länder sicherstellen wollte. Der Egerer Landtag vollzog so seinen letzten Staatsakt.

Unter der Regierung Maria Theresias und insbesondere ihres Sohnes Josef II. erfolgten zahlreiche Reformmaßnahmen, die die letzten Reste der alten Privilegien aufhoben und die Stadt in das wirtschaftliche und administrative Einheitssystem der Monarchie einfügten.

Die Auflösung der Egerer Festung und die Erklärung zur offenen Stadt am Beginn des 19. Jahrhunderts bedeutet auch den symbolischen Eintritt in die neue rationale Zeit, die auf einen schnellen wirtschaftlichen Fortschritt ausgerichtet ist. In diese Zeit fällt auch die wichtige Phase des Aufbaues der Stadt Franzensbad, die bis zum Jahre 1851 dem Magistrat der Stadt Eger gehört hatte. Der Aufschwung des Kurortes trägt auch zur wirtschaftlichen und gesellschaftlichen Prosperität Egers bei. Im Laufe der zweiten Hälfte des 19. Jahrhunderts kommt es zu grundlegenden Strukturumwandlungen des Egerer Gebietes und die Stadt Eger selbst festigt ihre Stellung als natürlicher Mittelpunkt des ganzen Egerlandes.

Die Kaiserburg

„Das Königlich Schloß / davon auch oben gesagt ist / ligt gegen Mitternacht: in dem selben pflegt von Königlicher Maiestet von Behmen wegen zu wonen / ein Burggraff oder Pfleger von Eger / An diesem Schlos steht ein hoher fester und kolschwartzer thurn / gegen der statt. Es seind auch im schlos zwo schöne kirchen in der ehr der heiligen Sant Mertin unnd Sant Ursulen übereinander gepawet / seindt auch der statt mit zugehörig / Dieser zweyen Capellen pfeiler seindt Merbilsteinin / unnd allweg einer von einem stuck gehawen.

(Caspar Bruschius: Von der statt Eger, 1542)

Diese Kaiserburg von Eger ist ein hervorragendes Zeugnis der inhaltsreichen Gechichte der gesamten westböhmischen Region. Nach der keltischen (der Name Agara für den Egerfluß) und der slawischen Siedlungswelle (die slawische Grabstätte aus dem 9.–10. Jahrhundert) führt uns das Jahr 1061 in die folgenden Jahrhunderte der fortschreitenden deutschen Ostkolonisation des bayerisch-böhmischen Grenzgebietes ein.

Das Egerer Gebiet, bezeichnet in einer Urkunde des Jahres 1135 als Regio Egere, unterstand den nordgauischen Markgrafen, die im Westteil des Egerer Burgwalles eine steinerne Burg errichteten. Die Existenz des Baues wurde durch die Freilegung der Reste zweier walzenförmiger Türme unter der Grundmauer des Schwarzen Turmes und in der Nähe der Westmauer des Palastgebäudes nachgewiesen. Mit dem Bau dieser Burg, die älter ist als die erhalten gebliebene romanische Pfalz, hängt der allmähliche Verfall des slawischen Burgwalles zusammen. Nach dem Tod Diepolds III. im Jahre 1146 ging Eger in die Hände der Staufer über.

Die wachsende kaiserliche Macht fand ihr Symbol im Bau prunkvoller kaiserlicher Residenzen, der sog. Pfalzen, die nunmehr nicht nur Verteidigungsaufgaben erfüllen, sondern vor allem die neue Feudalmacht glanzvoll repräsentieren sollten. Der eigentliche Beginn der Errichtung der Pfalz von Eger ist nicht genau belegt. Der erste Besuch des Kaisers Friedrich Barbarossa in Eger im Jahre 1179, als hier ein Reichstag abgehalten wurde, wird auch als erster Impuls für den Bau der romanischen Pfalz angesehen.

Ein historischer Vermerk aus dem Jahre 1183, der die Burg als kaiserliche bezeichnet, beweist, daß sich zu dieser Zeit die Pfalz bereits im Bau befand. Die zahlreichen Besuche des Kaisers zeigen, daß die Burg in Eger ihre Funktion als wichtiges Glied im System der kaiserlichen Pfalzen des 12. Jahrhunderts zu erfüllen begann. Den Kern der Kaiserpfalz in Eger bildete der Palas im

Nordteil des Burghofes. Gegenwärtig ist nur die nördliche und ein Teil der östlichen Mauer bis zur Höhe des Obergeschoßes erhalten geblieben. Die Osthälfte des ersten Stockes wurde vom Festsaal eingenommen, der für Verhandlungen und festliche Gelegenheiten bestimmt war. Den repräsentativen Charakter des Saales betonen drei erhaltene fünfteilige Arkadenfenster mit Granitsäulen und reliefgeschmückten Kapitellen.

Der gegenwärtige, über eine steile Rampe führende Eingang in das Erdgeschoß stammt aus der 2. Hälfte des 15. Jahrhunderts, als hier Pferdeställe errichtet wurden. Aus dieser Zeit ist auch die weitere Bautätigkeit auf der Burg bekannt. Über dem Palas errichtete man ein Fachwerkgeschoß, die Befestigung wurde durch Mühl- und Felsenturm an der Nordseite verstärkt und an die Westmauer des Palas wurde ein Wirtschaftsgebäude angebaut, das als Wohnung für den Burgkommandanten diente. Hier kam es am 25. Februar 1634 zur Ermordung der Wallensteinischen Offiziere.

Die von außen einfach und geschlossen wirkende Form der Burgkapelle beweist, daß die Kirche als ein einheitlicher Bau errichtet wurde. Diese äußere Form steht allerdings im Gegensatz zu der stilmäßig unterschiedlichen inneren Anordnung der Kapelle, die das Ergebnis zweier verschiedener Bauetappen ist, die der Einteilung der Kapelle in das Erdgeschoß und den Oberstock entsprechen.

Das Gewölbe des quadratischen Schiffes der unteren Kapelle, die man durch das Südportal betritt, wird von vier massiven Granitsäulen getragen, deren Reliefverzierung den Einfluß der elsässischen Ornamentik aus der Periode des ausklingenden 12. Jahrhunderts verrät. Die stilmäßige Unterscheidung der oberen Kapelle hat ihren Ausdruck in der reichen plastischen Verzierung der Säulenkapitelle gefunden, die mit ihrer phantastischen Symbolik und mit ihren figuralen Elementen der spätromanischen Zeit entspricht.

Die figural bearbeiteten Säulenkapitelle unweit des Presbyteriums stellen in den Gestalten von Engeln das Symbol der Tugend dar; die gegenüberliegenden Kapitelle symbolisieren mit ihren Figuren das Laster. Ähnlich ergänzen die Gesamtausschmückung der Kapelle die auf den Kapitellen ausgemeißelten Köpfe, die verzerrten Gesichter und die stilisierten Pflanzenornamente. Die Kapelle von Eger ist mit ihrer künstlerisch reifen Architektur eines der bekanntesten Baudenkmäler in der Tschechoslowakei.

Von der ursprünglich romanischen Befestigung der Burg sind nur der Schwarze Turm und ein Teil des Ostwalls erhalten geblieben. Der Schwarze Turm ist ein typischer Wehrturm und steht auf einer quadratischen Grundfläche von 9 x 9 m, seine

Höhe erreicht 18,5 m und die Mauer ist im Erdgeschoß 3 m breit.
Zum Bau wurden aus schwarzem Tuff bestehende Bossenqua-
der verwendet, die von dem unweit gelegenen Kammerbühl
stammen.
Nach 1652 erfolgte die Umwandlung der Burg in eine Zitadelle,
die mit einer Ziegelschanze einschließlich Kasematten ummau-
ert wurde. In dieser Zeit begann der Wohnbau des Palas zu verfallen und fand gemeinsam mit der Kapelle als Munitionslager
Verwendung. Im Jahre 1740 mußte das halbverfallene Fachwerkgeschoß niedergerissen werden, weil die Burg praktisch
überhaupt nicht instand gehalten wurde. Es war nur noch eine
Frage der Zeit, wann der Palas zur Ruine werden würde. Auch
als die Burg nach 1895 der Stadt zugefallen war, reichten die
Teilreparaturen nicht mehr zu ihrer Rettung aus.

Der Marktplatz

Der erste Markt der Stadt entwickelte sich um die Kaufmanns-siedlung unter der Burg auf dem kleinen Johannesplatz (Jánské náměstí). Winklige Gassen und kleine, unregelmäßige Häuserblöcke kennzeichnen diesen Stadtteil. Nach der großen Stadterweiterung zu Beginn des 13. Jahrhunderts wird zum Mittelpunkt der neuen Stadtanlage ein langgestreckter trapezförmiger Markt mit rippenförmig auslaufenden Straßen. Dieser großzügige Marktplatz mit seinen hohen, altertümlichen Häusern und deren steilen Dächern bietet bis heute das eigenartige Bild einer mittelalterlichen Stadt.

Der Marktplatz besteht eigentlich aus zwei Teilen. Der breite nördliche Teil diente als Grünmarkt, die lange, schmale Form des südlichen Teiles ergab sich aus der Vorführbahn für das Vieh und war als Roßmarkt bestimmt. Die neu restaurierten Patrizierhäuser mit überwiegenden Barockfassaden sind das Ergebnis vieler Baueingriffe im Laufe der Jahrhunderte, die von ursprünglichen 160 Häusern auf dem Marktplatz bis zum 19. Jahrhundert nur 60 übrig ließen. Im Zusammenhang mit bekannten Eigentümern, berühmten Besuchern oder interessanten Ereignissen entstanden die Namen der einzelnen Häuser.

Im oberen Teil auf der Westseite befindet sich der älteste Gasthof *Rotes Rössel* (U krále Jiřího), der seit dem Jahre 1531 die meisten vornehmen Gäste der Stadt beherbergte. Das Reliefschild mit zwei Erzherzogen stammt aus dem Jahre 1806 und seither hieß das Gaushaus „Bei den zwei Prinzen".

An der sogenannten *„Scharfen Ecke"* befindet sich das Haus Nr. 30 mit dem Junkerschen Wappen und der Statue des Königs Georg von Podiebrad als Erinnerung an seine Besuche in Eger.

Im ehemaligen Gasthof *„Zum Schwarzen Bären"* (Nr. 32) tagte der Egerer Landtag. Die Bildreste der irrtümlich als mittelalterliche Wandmalerei restaurierten Fassade stammen aus dem Jahre 1924, als der Stadtarchivar Siegl zum Andenken an den Landtag ein Schild mit einem tanzenden Bären anmalen ließ. In diesem Haus war auch in den Jahren 1687–1755 das erste Postamt Egers.

Das Nachbarhaus Nr. 30 mit dem Geschlechtswappen der Familie Werndl bewohnte *Magistratsrat Grüner,* bei dem wiederholt Goethe zu Gast war. Die ursprüngliche Gedenktafel wurde bei der Renovierung im Jahre 1980 entfernt.

An der Ecke des Marktplatzes und der Judengasse (Židovská) erhebt sich der im Jahre 1885 im Stile der Neurenaissance aufgeführte Bau der *Stadtsparkasse,* in dem sich heute die Post befindet. Vor dem Brand (1883) standen hier zwei Häuser. Das untere, wegen des als Konsole des Erkervorbaues dienenden bärti-

gen Kopfes zum *„Türkenkopf"* genannt, und anstoßend der alte
Gasthof *„Zur Goldenen Sonne",* in dem Goethe in den Jahren
1820–22 wiederholt logierte.

Die Ostseite des Marktplatzes dominiert das *neue Rathaus,* erbaut in den Jahren 1723–28 nach den Plänen des königlichen
Baumeisters G. B. Alliprandi aus Verona. Obzwar von dem gesamten Bauprojekt wegen Geldmangels nur ein Drittel ausge-
führt wurde, gehört dieser rechte Flügel des ursprünglichen Baues zu den gelungensten Barockbauten der Stadt. Seit dem Jahre
1962 befindet sich in dem Gebäude die Galerie der bildenden
Künste.

Das südlich anstoßende ehemalige *Metternichsche Haus* (Nr.
17) mit dem Junkerschen Geschlechtswappen ist auch als *Schil-
lerhaus* bekannt, nach dem Aufenthalt des Dichters im Jahre
1791 so benannt, wo hier das Gasthaus Zum Goldenen Hirsch
war. Die deutschen Gedenktafeln an Schiller und den hier woh-
nenden Komponisten Veit wurden nach dem Krieg entfernt.

Im unteren Teil stehen die zwei schönsten Häuser des Marktplatzes als Zeugen der unterschiedlichen Bauetappen. *Das Schirdingerhaus* mit seiner 8 m breiten und 52 m tiefen Parzelle und dem fünffach getreppten Ziergiebel ist ein Beispiel der ursprünglichen gotischen Marktplatzbebauung. Sein zweistöckiger Arkadengang im Hof erinnert an Renaissancehöfe der Patrizierhäuser.

Das anschließende *Gablerhaus* mit den Allegorien der vier Jahreszeiten über den Fenstern und plastischen Fassadenornamenten ist das schönste Beispiel der Verfeinerung in der Rokokozeit. Das Madonnenrelief über dem Torbogen stammt aus der zweiten Hälfte des 17. Jahrhunderts, als das Haus den Jesuiten gehörte.

Zum Wahrzeichen Egers wurde das sogenannte *Stöckl,* ein eigenartiger durch das Krämergäßchen geteilter Häuserblock von 11 zusammengewachsenen Gebäuden, die schon in den Steuerbüchern des 14. Jahrhunderts erwähnt werden. Das Fachwerk und der Wohnerker, der von einer Steinsäule abgestützt wird, ist der architektonische Anziehungspunkt dieser bizarren Häusergruppe.

Das *Stadthaus,* der Schauplatz der Ermordung Wallensteins, gegenüber vom Stöckl, gehörte mit seiner gotischen Grundlage und Renaissancehalle zu den besterhaltenen Patrizierhäusern in Eger. Im Jahre 1873 wurde hier in zwei Zimmern das städtische Museum eingerichtet, das sich im Laufe der folgenden 100 Jahre mit den Ausstellungsräumen auch im Nachbarhaus zu einem der größten Regionalmuseen entwickelte.

Die Zweiteilung des Marktplatzes verdeutlichen die beiden steinernen Brunnen, die um 1500 errichtet wurden. Der obere mit einer Landsknechtfigur aus dem Jahre 1591 symbolisiert die freien Marktrechte und die Halsgerichtsbarkeit der Stadt. Diese Figur ist im Volksmund als *Wastl* bekannt. Die barocke Herkulesgestalt des unteren Brunnens wird allgemein als *Wilder Mann* bezeichnet. Die Figur diente auch als Wappenzeichen der Stadt.

*Spätgotische Plastik
der Pieta aus Seeberg (um 1500)*

*Säulendetail aus
der Egerer Burgkapelle*

*Fresken in der gotischen
St.-Bartholomäus-Kirche in Eger*

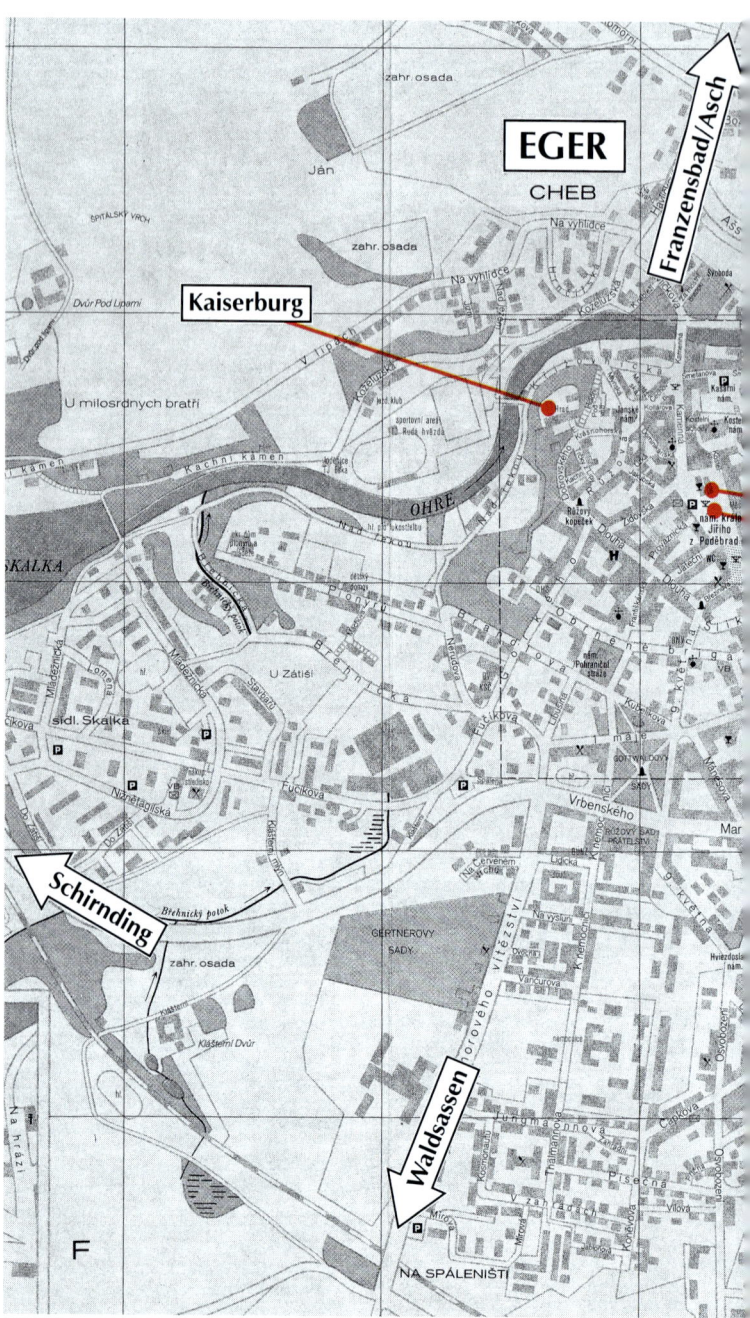

EGER
CHEB

Franzensbad/Asch

Kaiserburg

Schirnding

Waldsassen

F

22

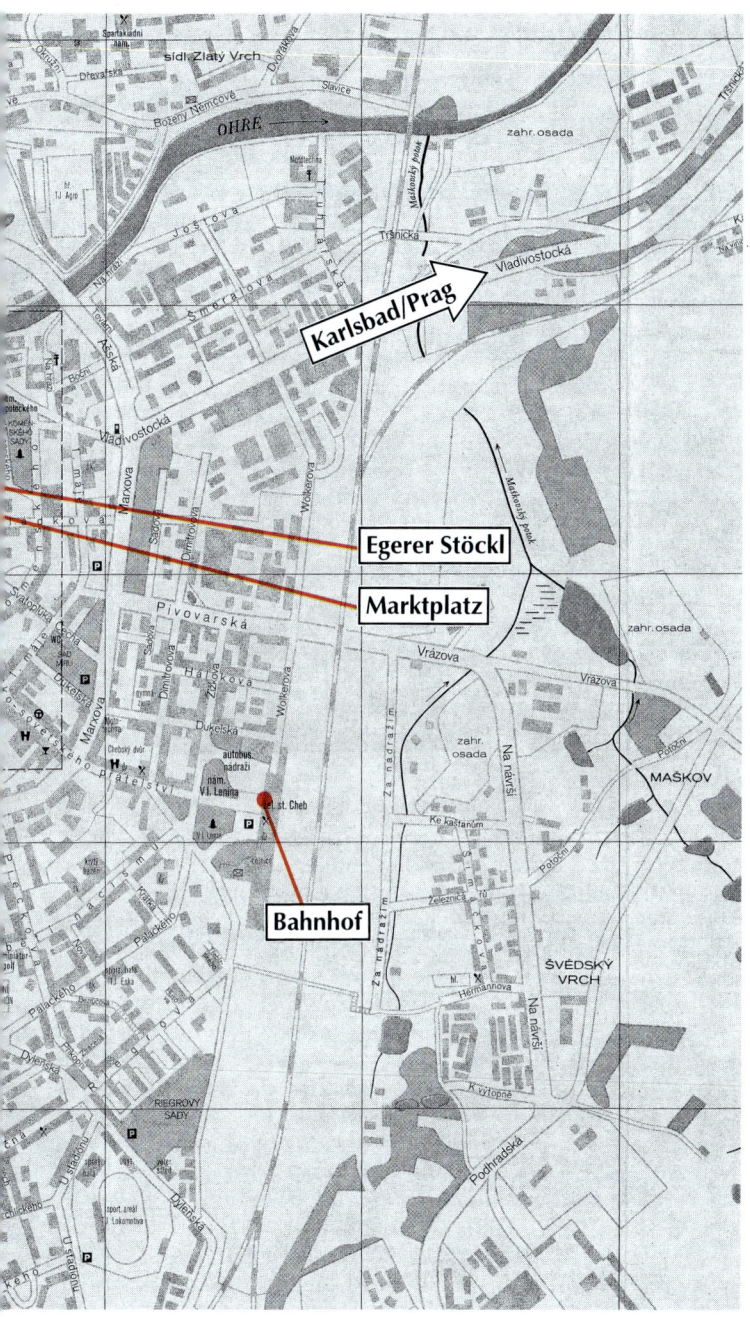

Karlsbad/Prag

Egerer Stöckl

Marktplatz

Bahnhof

Die Kirchen Egers

In die Zeit zwischen 1220 und 1230 wird die Erbauung der *St.-Niklas-Kirche,* die das kirchliche Zentrum der Stadtanlage bildet, gelegt. Von diesem ersten romanischen Bau sind heute noch das Westportal und die unteren Geschoße der Osttürme erhalten. Die Fundamente der nicht ausgeführten Westtürme erinnern an die Bauart des Bamberger Domes. Im 15. Jahrhundert wurde die romanische Basilika durch einen spätgotischen Hallenbau ersetzt und von einem Nürnberger Maler namens Lukas figürlich ausgemalt. Die Kirche wurde durch Brände erheblich beschädigt und so gingen auch die barocken Turmhelme von Balthasar Neumann verloren. Die gründliche Restaurierung ließ von der gotischen Innenausstattung wenig übrig. Die im Jahre 1945 zerstörten neugotischen Dachhelme wurden durch notdürftige Pultdächer ersetzt und prägen bis heute die äußere Gestalt der Kirche.

Unter der Kirchenstiege in der Steingasse (Kamenná) befindet sich die *Dominikanerkirche St. Wenzel.* Es ist ein barocker Kirchenbau aus den Jahren 1674–1688, der an der Stelle der ehemaligen Predigerkirche aus dem 13. Jahrhundert nach der Zerstörung im Dreißigjährigen Krieg von Abraham Leuther errichtet wurde. Zu Beginn des 18. Jahrhunderts wurde das anschließende Konventgebäude erbaut. Das hier erhaltene Deckengemälde der Klosterbibliothek zeugt gemeinsam mit den Altären der Kirche von dem Formenreichtum der Barockzeit in Eger.

Am Ende der Steingasse steht nahe an der Egerbrücke die *St.-Bartholomäus-Kirche* mit anliegender Kommende der Kreuzherren mit dem Roten Stern. Diese ehemalige frühgotische Kirche wurde im Jahre 1414 durch den heutigen Bau mit einem ungewöhnlichen Sterngewölbe, das durch eine zentrale Säule getragen wird, ersetzt. Am Ende des zweiten Weltkrieges wurde die Kirche beschädigt. Bei den Rekonstruktionsarbeiten im Jahre 1963 erneuerte man die Reste der gotischen Wandmalerei, die heute die ausgestellten gotischen Plastiken der Galerie ergänzt. Die zwei bedeutendsten Kirchen Egers finden wir auf dem vielleicht schönsten Platz der Stadt. An der Ostseite des Franziskanerplatzes (Františkánské náměstí) ist in den ehemaligen Klosterkomplex der Klarissinnen der architektonisch kunstvollste Bau des barocken Eger – die *St.-Klara-Kirche* – eingefügt. Diese Klarissinnenkirche wurde in den Jahren 1708–1712 von Christoph Dientzenhofer erbaut. Nach der Aufhebung des Ordens wurde das Klostergebäude als Gefängnis benützt und später hier das städtische Archiv untergebracht. Die Kirche wurde als Magazin verwendet und 1926 zur Gedenkhalle für die im Weltkrieg gefallenen Egerländer umgestaltet. Das Monumentalfresko vom

*Der Marktplatz in Eger, Blick zum ehemaligen Rathaus, heute
Kunstgalerie*

Maler Franz Gruss wurde nach 1945 übertüncht. Heute dient
der Kirchenbau als Konzert- und Ausstellungsraum der Galerie.
Die ganze Stadtsilhouette wird noch bis heute deutlich von der
gegenüberliegenden *Franziskanerkirche* geprägt, die nach dem
großen Stadtbrand 1270 in den folgenden Jahren neu errichtet
und im Jahre 1286 in Anwesenheit Kaiser Rudolfs und König
Wenzel II. geweiht wurde. Es ist eine dreischiffige Hallenkirche,
die mit dem gut erhaltenen hochgotischen Kreuzgang im anschließenden Franziskanerkloster verbunden ist. Neben dem
Kreuzgang befindet sich im alten Säulensaal die wertvolle Bibliothek des Franziskanerkonvents. Beide Räume und die Minori-
tenkirche sollen nach den durchgeführten Restaurierungsarbei-
ten der breiten Öffentlichkeit zugänglich gemacht werden.
Südöstlich vom Franziskanerplatz wurde im Jahre 1871 von
dem Egerer Baumeister Adam Haberzettel die *evangelische
Friedenskirche* erbaut. Diese schlichte, gotisierende Hallenkirche symbolisierte durch ihre Lage außerhalb der Altstadt die
Stadterweiterung Egers im 19. Jahrhundert.

Sehenswürdigkeiten des Egerlandes

In einer romantischen Talschlucht, 6 km westlich von Franzensbad entfernt, steht die *Burg Seeberg* (Ostroh), ein Ministerialen-
sitz aus dem 13. Jahrhundert. Kanzler Schlick und das Egerer
Junckergeschlecht waren die berühmten Besitzer. Seit 1703 war
die Burg im Besitz der Stadt Eger, nach der Renovierung seit
1915 als Restauration benützt. Nach dem Verfall in den sechziger Jahren wurde sie vom Stadtmuseum Franzensbad gründlich
restauriert und im Herbst 1990 der Öffentlichkeit zugänglich gemacht. In der Vorburg hat man einen alten Getreidespeicher und
einen Wagenschuppen ausgebaut zum Zwecke der Einrichtung
einer volkskundlichen Dauerausstellung.

Nur 3 km von Seeberg entfernt findet man das Gegenteil, eigentlich das wahre Bild der staatlichen „Denkmalpflege" – die Ruine
des *Schlosses Liebenstein* (Libá). Die ursprüngliche gotische
Burg mit dem erhaltenen runden Turm aus dem 13. Jahrhundert
wurde als Besitz der Grafen Zedtwitz im Laufe der Zeit in ein Re-
naissanceschloß umgebaut. Das Militär und die staatlichen Ei-
gentümer ließen dieses unbeschädigte Schloß nach 1945 völlig
verfallen.

26

Das Heimatkunde- und Textilmuseum in Asch

Durch das nahe *Haslau* (Hazlov) mit seinem genauso verfalle-
nen, zum Schloß umgebauten befestigten Herrensitz aus dem
13. Jahrhundert gelangen wir zu der Hauptstraße nach Asch.
Hinter Haslau steht rechts an der Straße der *Goethestein,* der
vom Egerer Magistratsrat Grüner zur Erinnerung an den Besuch
der Großherzogin von Sachsen im Jahre 1846 errichtet wurde.

Asch – die berühmte Stadt der Textilindustrie – gehört bis heute
noch mit seinen Textilkombinaten zu den wirtschaftlich bedeutendsten Städten des Egerlandes. Das zerstörte Stadtbild zeugt
aber von der schweren Zeit der letzten 50 Jahre. Das herausra-
gende Denkmal der Stadt, die in den Jahren 1747–1749 erbaute
evangelische Kirche, ist 1960 völlig abgebrannt. Das einsame,

Die mittelalterliche
Burg Neuberg

auf dem ursprünglich bebauten, jetzt hausleeren Marktplatz stehende *Goethedenkmal* aus dem Jahre 1932 ist das traurige Wahrzeichen der heutigen Stadt. So bleibt eigentlich das stolze historische Bewußtsein der Stadt nur noch durch das Lutherdenkmal aus dem Jahre 1883 und das neu eingerichtete Museum geprägt.

In *Neuberg* (Podhradí), einem Dorf 4 km nördlich von Asch, befindet sich die Ruine einer *mittelalterlichen Burg* aus dem 13. Jahrhundert. Unter der Burg steht ein bedeutsames Denkmal der Volksarchitektur, die *evangelische Barockkirche* mit einem herrlich erhaltenen Deckengemälde aus dem Jahre 1682.

Im nördlichsten Teil des Ascher Ländchens liegt die Stadt *Roßbach* (Hranice) mit einer sehenswerten *evangelischen Kirche.* Der Hochaltar, eigenartig mit der Kanzel verbunden (aus dem Jahre 1710), die Barockorgel (1719) und das kostbare geschnitzte Taufbecken (1763) stehen unter Denkmalschutz.

Im nördlichen Teil des Egerlandes befindet sich das Schönbacher Ländchen. Im 10 km von Eger entfernten *Altenteich* (Starý Rybník) finden wir direkt am Schloßteich die Grundmauern einer mittelalterlichen *gotischen Burg,* die 1360 zum erstenmal urkundlich erwähnt wird. Im nahen *Wildstein* (Skalná) steht heute noch eine der ältesten Burgen des Egerlandes, gegründet von dem Ministerialengeschlecht Nothaft Ende des 12. Jahrhunderts. Die ursprüngliche *romanische Burg* wurde gotisch umgebaut und ist dank Privatinitiative einiger Bürger im letzten Jahrzehnt vor dem Zerfall gerettet worden.

Fast an der sächsischen Grenze des Landkreises liegt die Geigenbauerstadt *Schönbach* (Luby). Das Dorf wurde schon 1319 zur Stadt erhoben und ist seit dem 17. Jahrhundert bekannt durch bedeutende Musikinstrumentenmacher. Heute werden die Zupf- und Streichinstrumente fabrikmäßig in dem neuen, in den sechziger Jahren fertiggestellten Betrieb Cremona erzeugt. Außerdem wird natürlich in zahlreichen Meisterwerkstätten die handwerkliche Tradition des Geigenbaues fortgesetzt. Das 1927 auf dem Marktplatz enthüllte *Geigenbauerdenkmal* ist so bis heute mit Recht das Wahrzeichen der Stadt. Im Gegensatz dazu ist das *Schönbacher Schloß,* ein Renaissancebau aus dem Jahre 1608, ein trauriger Zeuge der Zeit. Dieses Schloß, vor 30 Jahren noch in gutem Zustand, wurde vom Staatsgut in eine Ruine, von der nur noch die Grundmauern übrig sind, verwandelt.

Unnweit von Schönbach gelangen wir beim Dorf Kirchberg (Kostelní) zu einem beliebten Ausflugsort – den *Hohen Stein.* Dieser wildzerklüftete Felsenzug ermöglicht eine der schönsten Aussichten auf das Egerland und das sächsische Vogtland.

Im südlichen Teil des Egerlandes gelangen wir von der Stadt Eger entlang des Stausees *Gaßnitz* (Jesenice) zu der nach Eger einge-

Das Metternichschloß Konigswarth bei Marienbad

meindeten Ortschaft *Altkinsberg* (Starý Hrozňatov). Hier befindet sich eine Burg aus dem Anfang des 13. Jahrhunderts. Erhalten blieb der runde gotische Turm, die anderen Teile wurden im
19. Jahrhundert romantisch umgebaut. Altkinsberg war ein berühmter Wallfahrtsort. Auf der Anhöhe oberhalb der Ortschaft
gelangen wir nach *Loretto* – einer Wallfahrtskirche mit Kreuz-
wegstationen. Die ganze Anlage wurde in den letzten 40 Jahren
von der Grenzschutzpolizei so beschädigt, daß eine Renovierung fast unmöglich ist.
In der Nähe Marienbads befindet sich das *Königswarter Schloß*,
das seit dem 17. Jahrhundert im Besitz der Familie Metternich
war. Der ursprünglich barocke Schloßbau wurde in den Jahren
1820 – 1839 von dem italienischen Architekten Pietro Nobile in
ein klassizistisches Schloß mit einem Ehrenhof und zwei sym-
metrisch anschließenden Seitenflügeln umgebaut. Das Schloß,
berühmt durch das älteste Schloßmuseum in Böhmen, dessen
Grundstock die Sammlungen des Egerer Scharfrichters Karl Huß
bilden, mit Mumien, Napoleon-Erinnerungen, Andenken an
den Staatskanzler Metternich, reichhaltiger Bibliothek und na-

turhistorischen Seltenheiten, ist seit zehn Jahren geschlossen und wird renoviert. Der Besucher muß sich bis zur Neueröffnung mit der Besichtigung des 100 Hektar großen Schloßparkes begnügen.

Ungefähr in der Hälfte der Straße von Marienbad nach Eger lohnt es sich, einen Abstecher links nach *Konradsgrün* (Salajna) zu machen. In dieser Ortschaft sind noch einige relativ gut erhaltene *Egerländer Bauernhöfe*. Die zwar verwahrloste, aber doch noch stehende *Gahmühle* mit dem reichen Fachwerkgiebel ist ein repräsentatives Beispiel der Volksarchitektur im Egerland.

Als *Mittelpunkt Europas* wird irrtümlicherweise ein Granitstein neben der 6 km von Eger entfernten Tankstelle bezeichnet. In Wirklichkeit handelt es sich um einen Basisendpunkt der Landesvermessung aus dem Jahre 1873. Diese symbolhafte Stelle – im Herzen Europas – bekommt aber doch durch das hier seit 1946 stehende militärische *Mahnmal* eine neue Bedeutung. Der Obelisk mit über 50 Namen von gefallenen amerikanischen Soldaten ist das einzige in ganz Westböhmen nach 1948 stehengebliebene Denkmal der amerikanischen Armee. Da es 1946 von den Männern des Generals Patton selbst errichtet wurde und unter Schutz der US-Botschaft stand, konnten es die damaligen Machthaber nicht entfernen, wie das der Fall bei vielen Gedenktafeln und dem Denkmal in der Stadt Eger im Jahre 1951 gewesen ist. Obzwar man bis 1989 straflos nicht einmal eine Blume an dem Denkmal niederlegen durfte, war dieser Obelisk für die meisten Bewohner des Egerlandes immer ein allgegenwärtiges Symbol der Hoffnung auf Freiheit.

Literatur

Bruchius, Caspar: Des Vichtelbergs gründliche Beschreibung, Nürnberg 1542

Gradl, Heinrich: Die Chroniken der Stadt Eger, Prag 1884

Grueber, Bernhard: Die Kaiserburg zu Eger, Prag 1854

Prökl, Vinzenz: Geschichte der Stadt Eger und des Egerlandes, Falkenau 1877

Rimpl, Herbert: Eger, Berlin 1940

Siegl, Karl: Eger und das Egerland im Wandel der Zeit, Eger 1931

Sturm, Heribert: Eger. Geschichte einer Reichsstadt, Geislingen-Steige 1951

Birner, Z.: Západočeská lázeňská oblast, Praha 1964

Samankova, E.: Cheb, Praha 1982

Naturschutzgebiete des Egerlandes

Die Entstehung einer interessanten und vielfältigen Landschaft des Egerlandes ist vor allem durch die komplizierte geologische Entwicklung dieses Gebietes bedingt. Es entstand so eine Reihe von einzigartigen Naturerscheinungen, die ein buntes Netz von wertvollen Naturbesonderheiten bilden und daher unter staatlichem Schutz stehen.

Die Naturschutzgebiete dienen vornehmlich der Erhaltung und wissenschaftlichen Beobachtung der ausgewählten Flächen und Bestandteile der Natur. Einige dieser Naturschutzgebiete sind für die Besucher zugänglich durch sogenannte Lehrpfade. Das sind ausgewählte und markierte Wanderwege durch das Schutzgebiet, die mit Informationstafeln über die Entstehung und Bedeutung der geschützten Flächen ausgestattet sind. Insgesamt in sechs Naturschutzgebieten, die zugleich die wertvollsten und interessantesten Naturbesonderheiten des Egerlandes darstellen, finden wir markierte Lehrpfade.

In der Mitte des Egerlandes liegen zwei Naturschutzgebiete. Das eine zwischen Eger und Franzensbad, der *Kammerbühl* (Komorní Hurka), der als Rest des jüngsten Vulkans in Böhmen berühmt ist. Dieses 7 Hektar große geologische Gebiet wurde lange vor der Erklärung zum Naturschutzgebiet im Jahre 1951 bekannt und erforscht.

Viele berühmte Forscher, vor allem J. W. Goethe, besuchten diesen Vulkan, viele Geologen stritten lange Jahre hindurch über seinen Ursprung. In den Jahren 1834–1837 ließ Graf Sternberg auf Anregung Goethes ein Stollensystem durch den Hügel anlegen, bis man auf einen mit Basalt gefüllten Krater stieß. Den Stolleneingang ließ Sternberg mit einem verzierten Empireportal versehen und zum Andenken an die Erforschung des Hügels durch Goethe in den Basaltfelsen ein Relief des Weimarer Dichters einmeißeln. Der Lehrpfad informiert ausführlich über die Entstehung der Basaltgesteine, die in den früheren Zeiten als Baumaterial abgebaut wurden.

Das andere interessante, Naturschutzgebiet des Egerlandes ist das *Torf- und Mineralmoor Soos* bei der Ortschaft Rohr (Nový Drahov), etwa 6 km nordöstlich von Franzensbad. Als Folge spezifischer Verhältnisse im Laufe der Entwicklung dieses Gebietes haben sich auf einer Fläche von etwa 210 Hektar so viele Naturerscheinungen angesammelt, daß das Naturschutzgebiet Soos nicht nur in der Tschechoslowakei, sondern auch in ganz Mitteleuropa seinesgleichen sucht.

Große Sumpfmofette im Naturschutzgebiet Soos

*Quarzfelsen
im Naturschutzgebiet
Goethestein*

Dieses Gebiet wurde im Jahre 1964 zum Naturschutzgebiet erklärt, denn es handelt sich um ein eigenartiges Torfmoor und Mineralwiesenmoor mit der bekannten Kaiserquelle, mit ausströmendem Gas aus Mofetten und mit einer Kieselgurschicht aus Kieselschalen eines verschwundenen Sees, das gesättigt mit Mineralsalzen bunte Mosaikbilder entstehen läßt.

Der starke Salzgehalt erlaubt, daß hier nur seltene salzliebende Pflanzen wachsen wie Salz-Schuppenmieren, Salz-Milchkraut oder die Gemeine Stradsimse. Im Torfmoor finden wir dann beim aufmerksamen Suchen den winzigen fleischfressenden Sonnentau. Der Lehrpfad durch das Naturschutzgebiet ist als Holzweg ausgebaut. Im Museumsgebäude gibt eine Dauerausstellung über die Natur des Egerlandes Auskunft.

Oberhalb *Haslau* (Hazlov) befindet sich die sogenannte Rommersreuter Schweiz mit dem 1972 zum Naturschutzgebiet er-

klärten *Goethestein.* Hier entstanden auf der Fläche von 2,5 Hektar im Laufe der geologischen Veränderungen steile, pittoreske Quarzfelsen. Ein mächtiger Quarzblock mit der Gedenktafel an Goethes Aussichtsstelle ins Egerland gab diesem Naturschutzgebiet seinen Namen.

Den ganzen südöstlichen Teil des Egerlandes bedeckt das Kaiserwald-Gebirge. Hier finden wir auch den umfangreichsten Komplex von Naturschutzgebieten. Nördlich von Marienbad an der Straße nach *Sangerberg* (Prameny) liegt das Naturschutzgebiet *Stinker* (Smradoch). Dieses im Jahre 1968 auf einer Gesamtfläche von 8 Hektar zum Schutzgebiet erklärte Waldmoor ist in seiner Eigenart gekennzeichnet durch eine konzentrierte Ausströmung von Mineralwasser und Gas in der Form von Mofetten, die oft als Schlammvulkane bezeichnet werden. Auf Grund dieser spezifischen Bedingungen entstand hier auch eine eigenartige Pflanzenwelt.

Mineralquellen im Gebiet des naturkundlichen Lehrpfades Stinker

Uhu im Naturschutzgebiet Soos

Nordöstlich von Sangerberg finden wir das 4 Hektar große, seit 1962 als Naturschutzgebiet deklarierte *Steinl* (Křížky), das durch die chemische Besonderheit des Serpentinbodens eine ungewöhnliche Flora aufweist. Zu den größten Sehenswürdigkeiten dieses Gebietes gehören seltene Serpentingewächse, wie zum Beispiel das meirichblättrige Hornkraut, das auf der ganzen Welt lediglich hier vorkommt.

Noch im Kaiserwald, nördlich von Königswart (Kynžvart), dehnt sich als größtes in dieser Gegend das *Naturschutzgebiet Glatzen* (Kladská). Schon im Jahre 1933 wurden die Torfmoorflächen zum Naturschutzgebiet erklärt und heute stellen sie ein riesiges Wasserreservoir dar, aus welchem die Mineralquellen in Marienbad gespeist werden. Auf der Fläche von 133 Hektar,

Lehrpfad im Naturschutzgebiet Glatzen bei Marienbad

die von Moorkiefern bewachsen ist, finden wir eine spezifische Blumenwelt von Moosbeeren und Torfpflanzen. Vom großen Teich beim Jagdschloß Glatzen führt ein alter Flößgraben aus dem 16.Jahrhundert weg. Ein Lehrpfad um den Teich herum ist mit Informationstafeln ausgestattet.

Jagdschloß Glatzen – Ausflugsziel der Marienbader Kurgäste

*Herbstliches Motiv
aus dem Hochmoor Taiga
bei Glatzen*

„Und ist dises lendlin von der statt Eger an bis ins Warmbad ein sehr schon und lustigs ortlandts von hohen gebirg, holdseligen schönen talen und welden, unzelichen nit allein sussen sonder auch sawer brunnen und bechlein:das ichs kaum gnug loben und preisen kan."

(Caspar Bruschius: Des Vichtelberges gründtliche Beschreibung, 1542)

Entstehung der westböhmischen Heilquellen

Weit droben im Norden wohnte ein uralter Zwergenkönig mit seinen Söhnen und einem zahlreichen Volke. Nach dem Befehle Gottes hatten sie das ewige Feuer zu unterhalten, an welchem jene gewaltigen Wassermengen erhitzt wurden, womit die starre Kälte jener Gegend etwas gemildert werden konnte, auf daß das endlose Eis nicht alles bedeckte. Das Feuer schürten sie mit besonderen Steinen, die auch unter der Erde ohne Luft brennen. Schlug die Lohe einmal durch die Erde, so entstand ein feuerspeiender Berg.

Der König schickte vor langer Zeit einmal seine Söhne in die weite Welt hinaus, um auch an anderen Orten solche Steinfeuer zu schüren. Drei von den Söhnen kamen in unsere Gegend und fanden hier ebensolche Steine, die sie zur Feuerung brauchten.

Der älteste und zugleich der weiseste Sohn zog mit seinen Leuten in ein Tal, wo er nach den genauen Weisungen seines Vaters den großen Kessel, in welchem er das Wasser erhitzen sollte, gut einmauern konnte. Zwei Berge stützten den Behälter, damit er nicht umfallen konnte oder gar die Lohe aus der Erde hervorbrechen ließe. Deshalb kochte das Wasser auch bald und siedet und brodelt noch fort bis zum heutigen Tage. Was aus dem Kessel davon überläuft und durch die Erde emporwallt, das nennen die Menschen heutzutage den „Karlsbader Sprudel".

Der zweite Sohn ging mit seinen Leuten weiter und fand in der Gegend des heutigen Marienbad einen passenden Platz zum Einmauern seines Kessels. Er mauerte ihn so ein, wie es ihn beim Abschied sein alter Vater geheißen hatte. Das Steinfeuer wollte aber nicht richtig brennen, weshalb er etwas Schwefel unter die Steine mengte. Das war aber ein grober Fehler, denn die helle Lohe schlug über dem Kessel zusammen und verlieh dem Wasser von den stinkenden Dämpfen einen Geruch, den es heute noch nicht ganz verloren hat.

Der dritte der Söhne fand lange keinen passenden Platz, bis er in die Nähe des heutigen Franzensbad kam. Obwohl er den Kessel nur auf der einen Seite an einen Felsen anlehnen konnte, legte er doch darunter Feuer an. Kaum hatte er das getan, so erfolgte ein fürchterlicher Knall, die Erde erbebte, denn der schlecht einge- mauerte Kessel stürzte um und das Wasser, kaum lau geworden, rann heraus und rinnt noch immerzu. Seinen Abfluß fand es in den vielen Säuerlingen. Bei diesem Sturz des Kessels bekam das Steinfeuer Luft, brach durch, zerstörte dabei den unterirdischen Palast der Zwerge, die als Wächter in der Tiefe bestellt waren und schlug zum „Kammerbühl" heraus, viele viele Jahre lang, bis alles ausgebrannt war. Die Zwerglein mußten nun zur Strafe für ihre Sorglosigkeit im finsteren Zwergenloche wohnen und über die Wässer scharfe Wacht halten, daß nichts Arges mehr geschehe.

(Nach Dr. J. J. Lorenz – Eger.
Aus: Sagen der Karlsbader Landschaft, 1926)

Die Kaiserquelle im Naturschutzgebiet Soos bei Franzensbad

Der Kurort Franzensbad

Der Egerer Sauerbrunn

„Vor diesem thor ist nicht weit von d'stat ein edler und fast berumpter brunn / hat sawr wasser / wirt derhalben auch Seyerling genennet: diese waser ist ser gesundt und lustig zu trincken / wirt auch im Summer vom dem jungen volck / knaben und jungfrawen teglich hauffen weiß in kreiglein in die Stadt getragen / und aldo den armen handwercks leuten und gemeinem man verkaufft / "

(Caspar Bruschius: Von der statt Eger, 1542)

Die historische Kenntnis von der Heilkraft der Franzensbader Quellen reicht bis in den Anfang des 15. Jahrhunderts. Der Egerer Sauerbrunn, wie die heutige Franzensquelle ursprünglich hieß, diente der einheimischen Bevölkerung als Heil- und Genußmittel. Die Beschreibungen der Heilkuren lockten bald auch Besucher aus der Ferne an und aus der nahen Stadt Eger kam man zu dieser Quelle, um das Heilwasser in Krügen nach Eger zu tragen. Zum Anfang des 17. Jahrhunderts finden wir in Eger schon ständige Kurgäste und auch zahlreiche Ratsbeschlüsse, den Gästen freundlichst entgegenzukommen.

Allmählich entwickelte sich in Eger ein Kurbetrieb, man faßte die in einer Moorwiese entspringende Quelle ein, erbaute ein Brunnen- und Füllhaus und begann mit der Versendung des Säuerlings in tönernen Flaschen. Der Transport geschah in Fracht-

Detail der neuen Kolonnade in Franzensbad

Franzensbad – Blick zur Kirche des hl. Kreuzes

43

wägen in alle größeren Städte Deutschlands und Österreichs, wo sich eigene Egerer Faktoreien befanden. Der Versand des Franzensbader Wassers soll um 1700 sogar den Versand aller Quellen Deutschlands übertroffen haben.

Im Jahre 1791 ließ der Egerer Stadtphysikus und eigentliche Gründe der nachmaligen Kurstadt Franzensbad, Dr. Bernhard Adler, den Säuerling durch einen hölzernen Tempel einfassen und Ablaufröhren einsetzen. Diese im Interesse der Quellenbenutzung getroffenen Maßnahmen lösten einen Sturm der Entrüstung aus, denn die Egerer Bevölkerung sah darin eine Beschränkung des Schöpfrechts.

Egerische Weibergeschücht bey dem Sauerbrunnen bey Schlada

„Am 18. August 1791 fiel an der Quelle des bekannten Egerischen Sauerbrunnen bey Schlada eine komische begebenheit vor, . . . Es erschien nehmlich ungefähr 400 oder 500 Weibspersohnen auß der Stadt, zum Teil mit Seitengewehren, Prathspießen, Holzhacken und dergleichen bewaffnet, die samentlich glaubten, daß durch diese Neuerung ihr zeitlicher Verdienst durch Wassertragen in die Stadt geschmölert werden oder gar verlohren gehen würde. Sie fingen daher mit großem Jubelgeschrey die Einrichtung des über die Quelle gebauten Häuschens an zu verderben, auch die schon in der Erde befestigten eysernen Röhren, die für die Zukunft zum Absfluß des Wassers bestimmt waren, sie ruinierten dann noch vieles, was eben durch Zimmerleute hergestellt werden sollte und über dieser Arbeith waren sie so emsig und behendt, daß in weniger als einer halben Stunde alles zertrühmert war und zu Boden lag. Nach dieser Verrichtung zogen sie geruhig ihrer Wege. Hätte man sich von Obrigkeit wegen diesem Unfug widersetzen wollen, so würde es nicht ohne blutige Köpfe abgelaufen sein, denn die Heldinnen waren bewaffnet, in der vollen Wuth und zudem durch Brandwein und Arbeith erhitzt."

(Aus Leipziger Anzeiger 1791)

Die Zerstörung des Brunnens konnte die Gründung des Kurortes nicht mehr aufhalten. Noch im selben Jahr wurde der Lageplan entworfen, die Stadt stellte kostenlos Grundstücke zur Verfügung und innerhalb von zwei Jahren entstand unter der Bezeichnung „Kaiser Franzensdorf" eine Kolonie von 19 Häusern mit einem Kurhaus und Brunnentempel, einer gedeckten Wandelkolonnade und neuen Parkanlagen. Das Jahr 1793 galt als Gründungsjahr und erste Saison des seit 1807 umbenannten Kurortes Franzensbad.

Franzensbad als selbständige Gemeinde

„Franzensbrunn ist ein in einem Moorgrund gebautes Ort, ein mit Alleen umgebenes 4=Eck mit zwei sehr schönen Gässen von soliden Häusern, mehreren Stöcken und einer schönen Architektur; in den Gassen sind auch Alleen; . . . Dann ist nicht weit davon über der Straße nach Eger in einer hölzernen 4 Theil getheilten hölzernen Hütten der Potter Brunn; diese Hütten sind mit Brettern ausgetäfelt und aus der Erden komt ain Röhren mit einer Pipe herauf, an welche Röhren man nach Bedürfniß Ansätzen macht an die Gase, die heraufkömt an den kranken Theil des Patienten zu laßen, der auf einem hölzernen Schämel sitzt; der Gase ist übrigens giftig, den er löscht Lichter aus, und die Vögel, die darüber flichen, sterben.
In jeden Theil der Hütte ist so eine Gelegenheit, also 4. Das Bodenwasser wir in irdene Krügerln, die in Eger und in einem Ort in der Nähe erzeugt werden, wie in Bilin gefüllt und verschickt. Die Faktorei ist gegenüber vom Frnazensbrunn; auch badet man in dem Wasser, das in Wannen in den Häusern, da muß es gewärmt werden. Die Häuser sind sehr schön mit den elegantesten Wohnungen; der Brunnen hat viel Zulauf und das Wasser guten Absatz."

(Aus dem Tagebuch Kaiser Franz I., 1812)

Der hier beschriebene „Polterbrunnen" mit dem frei ausströmenden Gas wurde zu trockenen Gasbädern verwendet, so daß Franzensbad der erste Kurort war, der Gasbäder in sein Kurprogramm aufgenommen hatte. In der ersten Hälfte des 19. Jahrhunderts wurden drei große Badehäuser errichtet und die meisten neuen Quellen entdeckt und analysiert.

Der Ruf Franzensbads als Nachkur zu Karlsbad und Marienbad wurde durch namhafte Künstler und Gelehrte, Kurfürsten und Könige gehoben. Nur bei Goethe hat man zwischen 1806 und 1823 insgesamt 33 Aufenthalte sehr detailliert aufgezeichnet. Es kam die Zeit der glänzenden Entwicklung Franzensbads zum Weltbad.

Durch den Erlaß vom 20. Oktober 1851 wurde Franzensbad zur selbständigen Gemeinde erklärt und ein Jahr danach bekam es ein eigenes Wappen. Die Errichtung des Bahnhofes und damit der Anschluß an das Netz der europäischen Eisenbahn im Jahre 1865 brachte auch die Erhebung zur Stadt.

Die wachsende Beliebtheit des Kurortes fand ihren Niederschlag im Bau von großen prunkvollen Kurhotels und Kursälen. Im Jahr 1876 wurde der große Konversationssaal, in dem die Kurkapelle spielte, erbaut und vier Jahre danach das repräsentative Kaiserbad mit eleganten Fürsten-Badesalons eröffnet. Über

11 000 Kurgäste kamen durchschnittlich im Jahr vor dem ersten Weltkrieg nach Franzensbad. Die drei im Privatbesitz befindlichen großen Badehäuser gingen 1902 in den Besitz der Stadt Franzensbad über und 1904 erwarb die Stadt den gesamten Egerer Besitz mit allen Quellen und Zubehör. Franzensbad war zu einer wirklich selbständigen Stadt geworden.

Erstes Moorbad der Welt

„Im Moorbad, die merkwürdigste von Franzensbads Merkwürdigkeiten! Ein solches Moorbad ist Ihnen das köstlichste Ekelhafte, das Sie sich denken können . . . Die Empfindung, die einem im Moorbade überkommt, ist ein mit Grauen gemischtes Entzücken, dem ein Gefühl fast überwältigen Wohlbehagens folgt.“

(Marie von Ebner-Eschenbach: Aus Franzensbad)

Von 24 verschiedenen Heilquellen werden 12 zu Badekuren benützt. Den Charakter der einzelnen Mineralwasserquellen bestimmen verschiedene therapeutisch wichtige Bestandteile. Neben Herz- und Frauenkrankheiten werden als Indikation besonders angegeben: Gicht und Bronchialkatarrh, Anämie und Diabetes. Die alkalisch-glaubersalzige Eisensäuerlinge werden zu verschiedenen Trink- und Badekuren vorgeschrieben.

Das Franzensbader Mineralmoor steht in bezug auf Ausdehnung und Möglichkeit seiner Lager, die von zahlreichen Mineral- und Gasquellen durchströmt sind, unter allen Mineralmooren unerreicht da. Das Franzensbader Mineralmoorlager hat eine Ausdehnung von 10 Kilometer Länge, 1 bis 2 Kilometer in der Breite und eine Tiefe von 1 bis 5 Meter. Es bildet den größten Heilschatz Franzensbads.

Nach alten Überlieferungen üben die Mineralmoorbäder einen mächtigen Einfluß auf das Nervensystem aus. Man kann mit Sicherheit annehmen, daß es bis heute die von Marie von Ebner-Eschenbach beschriebene Wrikung nicht verloren hat: *„Auf zarte Frauen macht ein solches Bad die Wirkung einer Oper der Zukunft, oder eines kleinen Champagner-Rausches, was ungefähr dasselbe sein soll. Sie werden heiter, selig, verklärt, sentimental, schwärmen von verborgenen Veilchen und leuchtenden Sternen, vom letzten Balle und der ersten Liebe, fühlen sich in Arkadien geboren, gehen nicht mehr, sondern hüpfen spazieren, singen die große Arie aus Robert der Teufel, deklamieren, ja verfertigen Gedichte; was denn freilich in den meisten Fällen ein Unglück ist.“*

Rundgang durch Franzensbad

Die *Franzensquelle* (Františkův pramen) auf dem ältesten Platz der Stadt (Náměstí míru) mit dem Kuppelbau der Brunnenrotunde aus dem Jahre 1832 ist bis heute der Mittelpunkt des ganzen kurstädtischen Lebens. In der Nähe des Brunnens steht das frühere *Brunnenversendungsgebäude,* ein Bau aus dem Jahre 1892, in dem heute die kurörtliche Klinik untergebracht ist. Das früher südlich anschließende *städtische Badehaus* wurde im Jahre 1949 abgetragen. Dem nahestehenden *Gasbad* aus den Jahren 1912–1914 wurde eine Wandelkolonnade angeschlossen, die die ursprüngliche *Holzkolonnade* mit gedecktem Säulengang, die auf der gegenüberliegenden Seite des Platzes stand und im Jahre 1914 abgebrannt war, ersetzte.

Auf dem Kurplatz befindet sich neben dem Musikpavillon das Wahrzeichen des Kurortes, die Statue eines sitzenden Knaben (im Volksmunde Franzel genannt) mit einem Fisch – dem Symbol der Fruchtbarkeit – in der Hand. Den Kurplatz dominiert der prächtige Bau des *Kursaales,* der nach dem Brand 1904 vom einheimischen Architekten Wiedermann wieder hergestellt wurde.

Vom Kurplatz aufwärts verläuft die frühere *Goethestraße* (jetzt Národní třída), die eigentliche Hauptstraße von Franzensbad, mit den bekanntesten Kurhäusern, Läden und Hotels – wie etwa neben dem berühmten Kaffee *Dörfler* (Hotel Slovan) vor allem die Häuser *Drei Lilien* (U tří lilií) mit Goethes Gedenktafel und das frühere Kurhaus *Sevilla* (Sevastopol), berühmt durch Beethovens Besuch im Jahre 1812.

Franzensbad – Franzensquelle und neue Kolonnade

Der anschließende *Kurpark* (Švermovy sady), angelegt 1828 im englischen Stil, mit dem 1856 errichteten *Parkkaffee* (Sadová kavárna) ist durch die Konzerte der Kurkapelle der zweite natürliche Mittelpunkt des Kurortes.

In der früheren Kulmerstraße (jetzt Ruská) erblicken wir die katholische Pfarrkirche zur Kreuzerhöhung aus dem Jahre 1820 und kommen zum *Theater,* das nach den Plänen des Architekten Hübler aus München durch den Baumeister Wiedermann im Jahre 1868 erbaut wurde. Der gründliche Umbau durch den Prager Architekten Payr erfolgte im Jahre 1928. Gegenüber steht in der villenreichen Straße die *russische Kirche,* ein Werk des Baumeisters Wiedermann aus dem Jahre 1889.

Vom Kurtheater gelangen wir zum Goethedenkmal in der Mitte des ehemaligen *Morgenzeilparks* (Švermovy sady), das im Jahre 1906 enthüllt wurde. Der Egerländer Bildhauer Karl Wilfert schuf einen Goethekopf, umgeben von symbolischen Figuren für Lyrik und Drama. Im südlichen Teil des Kurparks finden wir das repräsentative Kurhaus *Imperial.* Am Ende des Parks nimmt das architektonisch prächtig wirkende Badehaus II, das ursprüngliche *Kaiserbad,* erbaut im Jahre 1878 von dem russischen Bankier Singer, den Blick gefangen.

Neben dem großartigen *Kaiserbad* erstreckt sich die im Jahre 1839 errichtete *Salzquellkolonnade* mit der *Wiesenquelle* im unteren Teil der Anlage. Diese ruht ebenso wie das 1864 eröffnete *Badehaus III* infolge des schwankenden Moorgrundes auf Piloten. Die Zahl 1904 am Eingang nennt das Jahr der Renovierung. Die vor der Kolonnade stehende Büste Dr. Bernhard Adlers wurde im Jahre 1902 enthüllt und erinnert an den ärztlichen Begründer Franzensbads.

Durch den Park führt die Salzquellpromenade vorbei an der *Neuquelle* und den 1919 entdeckten *Glauberquellen* wieder zurück zur Franzensquelle.

In dem gegenüberliegenden Westendpark (Dvořákovy sady) steht direkt an der Straße das *Badehaus I,* das älteste Badehaus Franzensbads, errichtet 1828 von *Ch. Loimann,* daneben der große Pavillon der *Luisenquelle* aus dem Jahre 1826. Der Weg geht weiter zum beliebten Restaurant *Amerika,* einer in Egerländer Bauart am Ufer des Stadtteiches errichteten Gaststätte. Zum zweiten berühmten Ausflugsort führt uns der Weg zurück zu der Salzquellkolonnade und weiter hinter das Badehaus III. Hier überschreiten wir den Schladabach und gelangen zum Pavillon der Nataliequelle. Auf der Anhöhe finden wir das beliebte Ausflugsrestaurant Salinburg (Na vyhlídce) mit einem romantischen Aussichtsturm in der Nähe.

Franzensbad – Partie an der Kurpromenade

Franzensbad – Wandelhalle der Glauberquellen

50

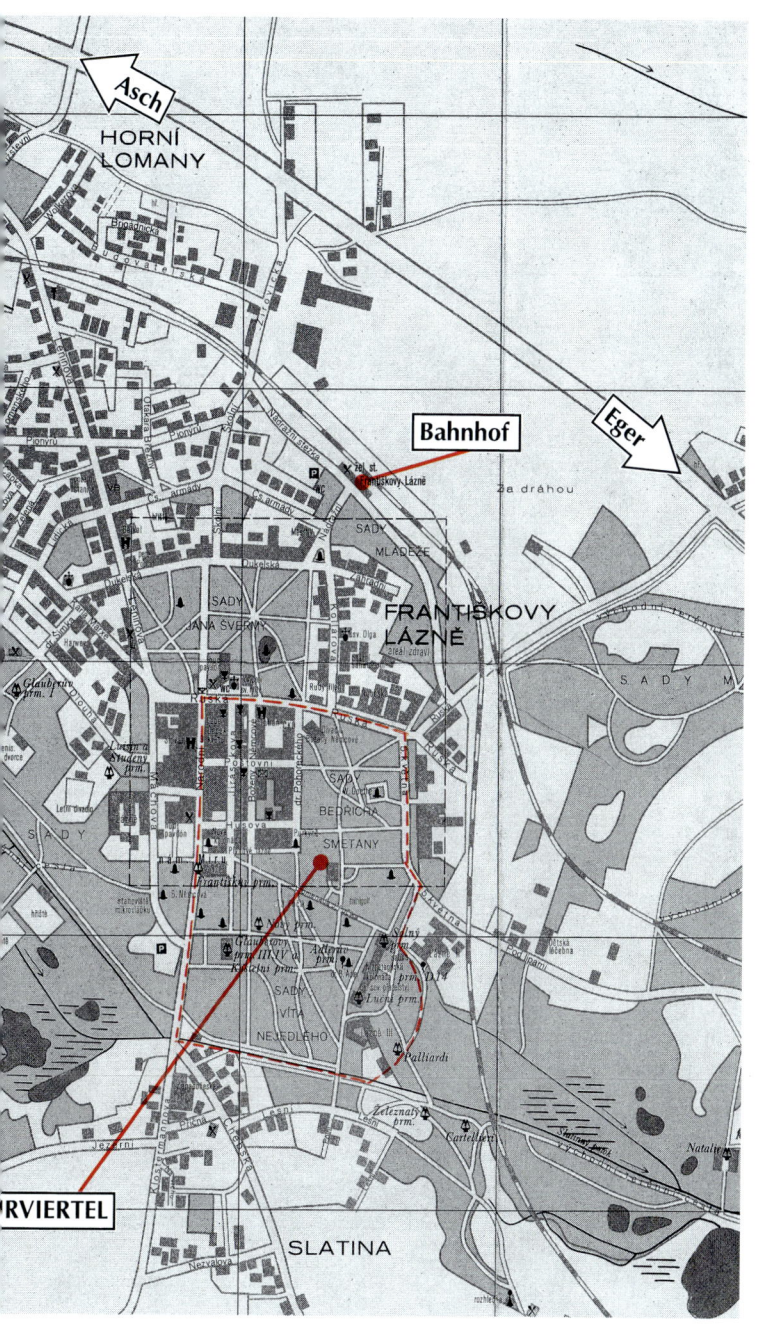

Asch

HORNÍ
LOMANY

Bahnhof

Eger

FRANTIŠKOVY
LÁZNĚ

Za dráhou

SADY
MLÁDEŽE

SADY
JANA ŠVERMY

BEDŘICHA
SMETANY

SADY
SVITA
NEJEDLÉHO

RVIERTEL

SLATINA

Weltbad Marienbad
Die Heilquellen in der Wildnis

„Im Jahre 1779 sah ich als bereits angehender und im Stifte Tepl stabilirter Ordinarius zum erstenmal diese brunnenreiche Gegend. Wie erstaunte ich, als ich dieses verwilderte, rings umher mit steilen Bergen und finstern Wäldern dicht eingeschlossene Thal, in welchem diese Quellen ihr heilbringendes Wasser so reichlich ergießen, betrat! Alles, was man sah, erregte Furcht, Widerwillen und Abscheu; Berge und Thäler, Wasserrisse und Gesümpfe, Stein und Sandhügel, vermordete Stöcke und Windbrüche wechselten unausgesetzt untereinander ab.
Außer einer alten hölzernen, dem Einsturz drohenden Hütte und einer gleichfalls hölzernen, rohen, uralten Einschränkung des Kreuzbrunnens fand und sah man nichts, was Menschenhände gemacht hätten. Weder ein Fuß-, noch weniger ein Fahrweg führte zu diesem Brunnen. Man mußte der vielen Gesümpfe wegen Steine legen und werfen, um mittels deren zu diesen unseren Quellen hüpfend gelengen zu können."

(Josef Nehr: Beschreibung der Quellen, 1813)

Die hier beschriebene Wildnis gehörte seit der Gründung des Prämonstratenserstiftes Tepl zu dessen Grundbesitz. Die zahlreichen Heilquellen in diesem völlig versumpften und verwilderten Talkessel wurden zum erstenmal urkundlich als „Salzlake bei Auschwitz" erwähnt, und zwar anläßlich der unter Kaiser Ferdinand im Jahre 1528 vorgenommenen Versuche, Kochsalz aus den Quellen zu gewinnen. Da man jedoch statt Kochsalz Glaubersalz fand, sind die Salzgewinnungsversuche bald eingestellt worden.

Weitere schriftliche Nachrichten über wundertätige Quellen während des 17. Jahrhunderts lenkten die Aufmerksamkeit auf den „gesalzenen Brunnen", der 1749 seine erste Bedachung bekam und das hier aufgestellte Kreuz gab ihm seinen Namen, den er noch heute trägt.

Der erste Brunnenarzt Josef Johann Nehr, der auch als Gründer Marienbads bezeichnet wird, regte entscheidend die Anlage der

Marienbad – Stirnseitendetail der Kolonade

neuen Siedlung an. Für die Bäder der Marienquelle wurden 1791 die ersten Badestuben errichtet, 1807 baute Nehr selbst das erste Kurhaus mit 14 Zimmern und ein Jahr danach erhielt die ganze Siedlung den Namen Marienbad.

Eine neue Ära des Kurortes begann im Jahre 1813 mit der Wahl Karl Reitenbergs zum Abt des Stiftes Tepl. Innerhalb von fünf Jahren standen bereits 16 Häuser, nach Trockenlegung der umfangreichen Sümpfe legte der Kunstgärtner Wenzel Skalnik die heutige Parkanlage an, der neu entdeckte Karolinenbrunnen bekam einen Tempel und der Kreuzbrunnen erhielt eine kunstvolle Kuppelüberdachung mit anschließender Kolonnade auf 72 jonischen Säulen. Im Jahre 1815 erschien die erste, noch geschriebene Kurliste mit 187 Parteien, die erste gedruckte im Jahre 1818 aber schon mit 583 Parteien. Am 6. November 1818, wurde Marienbad, das 1812 schon zu einer selbständigen Gemeinde erklärt wurde, zum öffentlichen Kurort erhoben.

Marienbad – die katholische Dekanalkirche

Die Kurstadt Marienbad

„Dann besuchte ich Marienbad, eine neue bedeutende Anstalt, abhängig vom Stifte Töpl. Die Anlage des Ortes ist erfreulich; bei allen dergleichen finden sich schon fixierte Zufälligkeiten, die unbequem sind, man hat aber rechtzeitig eingegriffen. Architekt und Gärtner verstehen ihr Handwerk und sind gewohnt, mit freyem Sinn zu arbeiten. Der Letzte, sieht man wohl, hat Einbildungskraft und Praktik, er fragt nicht, wie das Terrain aussieht, sondern wie es aussehen sollte. Abtragen und Ausfüllen rührt ihn nicht. Mir war es übrigens, als wäre ich in den nordamerikanischen Einsamkeiten, wo man Wälder aushaut, um in drey Jahren eine Stadt zu bauen."

(Aus Goethes Briefen, 1820)

In 40 Jahren wurde das verwilderte Tal in eine kultivierte Gartenanlage umgewandelt und es entstand ein bekannter Kurort. Goethes Besuche in den Jahren 1820–1823 werden, neben seinen geologischen Arbeiten, stets mit der berühmten „Trilogie der Leidenschaft" verbunden. Neben Goethe war regelmäßig die Elite der europäischen Gesellschaft zur Kurzeit in Marienbad versammelt, dessen Ruf sich zum Weltbad gestaltete.

In den Jahren 1834 und 1835 weilte der König von Sachsen in Marienbad, der die Goetheschen Arbeiten fortsetzend, die erste naturhistorische Darstellung des Kurortes verfaßt hatte. Im Hause „Weißer Schwan" wohnte 1836 Friedrich Chopin, dem Marienbader Aufenthalt Richard Wagners im Jahre 1845 verdanken wir den Textentwurf zu Lohengrin und Friedrich Nietzsche wurde auf der Kurpromenade im Jahre 1880 wegen seines starken Schnurrbartes für einen polnischen Aristokraten gehalten.

In der zweiten Hälfte des 19. Jahrhunderts wurde der Ortskern des heutigen modernen Marienbad ausgebaut, 1866 der Kurort zur Stadt erhoben und 1872 Marienbad durch die Eröffnung der Eisenbahnlinie Prag–Eger an den Weltverkehr angeschlossen. Die Zahl der Kurgäste war in den letzten zehn Jahren vor der Jahrhundertwende auf 20 000 gestiegen und es folgte ein überaus unternehmungslustiger Ausbau. Im Jahre 1892 wurde das bisherige alte Badehaus in ein Zentralbad umgebaut, nach den Plänen des einheimischen Architekten Schaffer das palastartige Neubad errichtet und schon 1888 die Stadt mit elektrischer Beleuchtung ausgestattet. 1896 wird nach mehrjährigem Bau die Talsperre der öffentlichen Benutzung übergeben, zwei Jahre danach die Bahnverbindung mit Karlsbad hergestellt.

1900 werden der neue, prachtvolle Kursaal und das große Gebäude der Volks- und Bürgerschule nach Plänen Schaffers erbaut, die Hauptstraße auf größere Breite umgebaut und die Umgebung durch neue Spazierwege erschlossen. In den Jahren

1901–1903 erfolgen die Verbindung der Stadtmitte mit dem entfernten Bahnhof durch eine elektrische Straßenbahn, der Umbau des Bahnhofs und die Neukonstruktion der gesamten Parkanlagen durch den schwedischen Architekten Svendson. In diese Zeit fällt auch der Ausbau vieler neuer Stadtstraßen und Anlagen. Im Jahre 1901 standen in Marienbad 346 Häuser, praktizierten 54 Ärzte und der Kurbesuch wies 22 244 Personen und über 60 000 Passanten auf.

Marienbad – Kolonnade des Rudolfsbrunnens

Marienbad – die Perle der böhmischen Bäder

„Wie die Promenade zwischen Kreuz- und Ferdinandsbrunnen in den Trinkstunden und während der Nachmittagskonzerte beiläufig aussieht, sieht man aus dem Bilde. Tausende von Menschen aus allen Weltteilen und Ländern beleben diesen herrlichen, von schönen alten Bäumen beschatteten Raum. Ein verwirrendes Sprachengemenge schlägt ans Ohr; die Kapelle läßt ihre Weisen tönen und auch das Auge kommt zu seinem Rechte. Man genießt nicht nur – an die einfassende Brüstung tretend – das herzerfreuende landschaftliche Bild, das M a r i e n b a d bietet; der Damenflor, in farbenfrohen Toiletten prangend und üppiger – zuweilen allzu üppiger – Gesundheit erblühend, gewäht, gleichfalls einen sinnberauschenden Anblick, dessen Wirkung nach dem Urteil bewährter Kenner die der Heilquellen wesentlich fördern mögen!"

(Hofrat Kareis:
Marienbad – eine Perle des Böhmerlandes, um 1910)

Nach der Jahrhundertwende erreichte die Entwicklung Marienbads zu den schönsten Bädern Böhmens ihren Höhepunkt. Das erste Jahrzehnt des 20. Jahrhunderts bis zum Sommer 1914 wird auch als die „Königsjahre" Marienbads bezeichnet. Der Kurort beherbergte zahlreiche regierende Häupter und führende Staatsmänner Europas. Nicht nur in der Sommerresidenz Eduards VII. im Hotel Weimar, sondern auch auf der Kreuzbrunnenpromenade, auf dem Golfplatz oder in umliegenden Kaffeehäusern, überall wurde Politik großen Stils gemacht.

Den zahlreichen Festen und Illuminationen in der berühmten Sommersaison des freigebigen Schahs von Persien im Jahre 1900 folgten die Festlichkeiten zur großen Monarchenbegegnung. König Eduard VI., der schon ab 1899 als Prinz von Wales alljährlich nach Marienbad gekommen war, traf sich hier am 16. August 1904 mit Kaiser Franz Josef I. Die neu erbaute Villa Luiginsland als Treffpunkt wurde zum Symbol der hervorragenden Neubauten der folgenden Zeit.

In diesen Jahren wurden sämtliche Hotels und Kurhäuser, alle öffentlichen und kurörtlichen Anlagen, also die ganze Stadt, vollständig umgebaut. Die neuen Höhenhotels „Rübezahl" und „Egerländer" ergänzen die Reihe der Sehenswürdigkeiten.

Die Berühmtheit und die reiche therapeutische Tradition Marienbads beruhen auf der Vielfältigkeit und der Verschiedenartigkeit der über 40, im Gegensatz zu Karlsbad und Franzensbad, kalten Quellen. Der *Kreuzbrunnen* und die *Ferdinandsquelle* gehören zu den alkalisch-salinischen Mineralwässern und finden Verwendung bei Magen- und Darmkatarrh, Leberschwellung und Fettleibigkeit. Die *Rudolfsquelle* ist ein erdiger,

schwach mineralisierter Säuerling. Die Trinkkur hat einen heil-
bringenden Effekt bei Nierenerkrankungen und ableitenden
Harnwegen. Die *Waldquelle* ist ein alkalisch-erdiger Säuerling
und wird bei Behandlung von Katarrhen der Luftwege verwendet. Der *Ambrosiusbrunnen* und der *Karolinenbrunnen* sind rei-
ne Eisenwässer und werden gebraucht zur Anregung der Ver-
dauung und der Herztätigkeit.
Nach der Vertreibung der deutschen Bevölkerung in den Jahren
1945 – 1946 nutzte man die vorhandenen, ausgebauten Kuran-
stalten ohne entsprechende Modernisierung der Infrastruktur er-
barmungslos aus und funktionierte die Kurstadt zu einem Ur-
laubszentrum der Einheits-Gewerkschaften um. So kommen
jährlich neben 40 000 Kurgästen auch 70 000 Personen in die 35
Erholungsheime der Gewerkschaften. Dazu übernachten in Marienbad während eines Jahres über 100 000 Besucher und 1,5
Millionen Touristen passieren die Stadt. Marienbad hat aber seine Anziehungskraft als Weltbad nicht verloren.
Die in den letzten Jahren unternommenen Teilrekonstruktionen
in einzelnen Kurhäusern konnten allerdings das verwahrloste
Stadtbild der ehemals blühenden Kurstadt nicht retten. Auch das
im Jahre 1976 am Rande des Stadtparks enthüllte Siegesdenk-
mal für die hier nie gewesene Rote Armee konnte über das wahre Bild der wirklichen Zustände nicht hinwegtäuschen. Die ein
Jahr danach durch die Abtragung des ganzen Häuserblocks mit
dem berühmten Teplerhaus entstandene Baulücke in der Stadtmitte ist bis heute die warnende Mahnung der jüngsten Vergangenheit. Erst nach der „sanften" Novemberrevolution im vorigen
Jahr ist es möglich, daß die Stadt nach 45 Jahren die verlorene
Gestalt des bekannten Weltkurortes wieder zu suchen beginnt.

Marienbad – Zentralbad
mit Kurpark

Marienbad – Hotels und Kurhäuser
am Goetheplatz

Spaziergang durch Marienbad

Die Lage Marienbads, der Kurort erstreckt sich in einer Länge von zirka 4 km von Nord nach Süd entlang der Hauptstraße, ermöglicht eine gute Orientierung. In der Mitte, gegenüber dem Stadtpark, steht der Prachtbau des *Neubades* (Nové Lázně) aus dem Jahre 1896 im Stile italienischer Hochrenaissance. Im linken Flügel befindet sich das berühmte Königsbad mit einer Marmor-Säulenhalle im Stile eines römischen Atriums. Daran schließt sich das 1901 im gleichen Stile errichtete *Kursaalgebäude* (Casino) mit drei großen Sälen, Restaurationsräumen und einem Lesesaal im ersten Stock an. Neben dem Kursaal steht das durch Erweiterungsbauten in der Zeit von 1892 bis 1935 veränderte *Zentralbad* (Ústřední Lázně), von dem nach der gründlichen Rekonstruktion im Jahre 1985 schließlich nur noch die ursprüngliche Fassade übrig blieb. Zwischen den Gebäuden liegt die *Ambrosiusquelle* (Ambrožúv pramen) und über dem Zentralbad die *Marienquelle* (Mariin pramen).

Gegenüber erhebt sich der von einer mächtigen Kuppel überragte Tempel der Trinkstelle des *Rudolfsbrunnens* und der *Ferdinandquelle* (Rudolfuv pramen), der ein imposantes Tor zur neuen Kolonnade bildet. Rechts von der Rudolfsquelle, auf dem ehemaligen Goetheplatz, steht die katholische *Dekanalkirche.* Dieser eigenartige, achteckige Bau wurde im Jahre 1848 nach den Plänen des Architekten Guttensohn aus München im byzantinischen Stil errichtet. Den ältesten Teil Marienbads dominiert das ehemalige *Klebelsbergsche* Palais (Kavkaz), ab 1823 Hotel Weimar, bekannt als Aufenthaltsort Goethes und des Königs Eduard VII. Das Kurhaus ist bis heute fast ausschließlich für ausländische Gäste reserviert.

In dem unweit liegenden Eckhaus ist das *Stadtmuseum* (Městské muzeum) untergebracht. Goethe wohnte im Jahre 1823 in diesem Haus „Zur goldenen Traube", und die hier im Jahre 1979 wieder eröffnete Goetheausstellung erinnert an seine häufigen Aufenthalte im Egerland. Das von Willy Ruß aus dem Jahre 1932 stammende Goethedenkmal wurde im Krieg entfernt.

Vom Goetheplatz herunter kommen wir zu der *Kreuzbrunnpromenade* (Kolonáda Krížového pramene). Die im Jahre 1889 erbaute neubarocke Eisenkolonnade wurde in den Jahren

Marienbad – der singende Springbrunnen vor der Kolonnade und mit Blick auf die Kurstadt

1975 – 1981 völlig rekonstruiert und mit einem Deckengemälde von Josef Vylet'al, einem der besten tschechischen Maler, versehen. Den Anfang der Kolonnade bildet eine ganz neue Sehenswürdigkeit Marienbads, der im Jahre 1986 eingeweihte *singende Springbrunnen* mit sieben verschiedenen Fontänekombinationen.

Neben dem Brunnen steht das überlebensgroße Denkmal des Gründers von Marienbad, *Abt Reitenberger*. Der klassizistische Tempel des Kreuzbrunnens (Krížový pramen) am Ende der Kolonnade blieb auch nach dem Umbau 1912 in der Fassung des Jahres 1813 erhalten. Im Mitteltrakt des Kreuzbrunnens steht die Bronzebüste des Begründers des medizinischen Rufes des Kurortes, *Dr. Johann Nehr*.

Durch die ehemalige Alleegasse (Ibsenova) zur Schillerstraße (Chopinova) kommen wir an zwei architektonisch interessanten Kurhäusern vorbei. Das Kurhaus *Palladio* im Stile der Hochrenaissance gehörte dem Stadtarchitekten Schaffer, das Kurhaus *Svoboda* (früher Hotel Carlton) ist ein Beispiel der schönsten Jugendstilarchitektur des Kurortes. Weiter geht es zur *Waldquelle* mit dem Musikpavillon und dem neuen Goethedenkmal aus dem Jahre 1975. Der Park der Waldquelle ist einer der ruhigsten und idyllischsten Plätze Marienbads.

Nahe der Waldquelle befindet sich das ehemalige Hotel *Waldmühle* (Kurhaus Donbas) mit den städtischen Tennisplätzen und dem Restaurant *Diana*. Oberhalb des Kaffees Diana ließ im Jahre 1909 der Theaterleiter Laska eine *neugotische Kapelle* errichten. Am Ende der Waldquellzeile gelangen wir zum früheren Restaurant Schloß *Waldfrieden* (Parkhotel) und zum städtischen Waldkaffee *Maxthal* (Lunapark).

Zurückkehrend zur Hauptstraße finden wir im nördlichen Teil das Gebäude des *Stadttheaters,* das im Jahre 1868 nach den Plänen Friedrich Zichlers erbaut und im Jahre 1905 dann im Jugendstil völlig umgebaut wurde.

Die links an die Hauptstraße anschließende französische Parkanlage des *Schillerplatzes* (Mírové náměstí) wurde im Jahre 1900 von Gustav Svenson errichtet. Dieser Platz beherbergt eine Reihe von ehemals berühmten Hotels in Marienbad. Neben dem exklusiven, den Schillerplatz beherrschenden *Hablmyerhaus* (Kurhaus Rozkvět) mit seinem repräsentativen Portal aus dem Jahre 1899 bildet die Dominante am oberen Ende der Hauptstraße das ehemalige palastartige *Grandhotel Ott* des Wiener Architekten Arnold Heymann. In der gleichen Häuserreihe stehen die ehemaligen Grandhotels *Maxhof* (Kurhaus Gorkij) und *Stöhr,* sowie die durch eine Spende von Friedrich Wilhelm IV. im Jahre 1857 im neuromanischen Stil erbaute evangelische *Christuskirche*. Der südliche Häuserblock mit dem historisch berühmten *Teplerhaus* und dem Grandhotel *Klinger* wurde leider 1977 niedergerissen.

Auf der rechten Seite der Hauptstraße finden wir die größten Kurhäuser und Hotels der Stadt. Unter dem Interhotel *Corso* liegt das berühmte Haus *Zum weißen Schwan* mit dem heutigen Kulturamt der Stadt und einer Chopingedenkstätte. Die Zentralstelle gegenüber dem Neubad nimmt das größte Erholungsheim „A. Zapotocky" ein. Es handelt sich um das ehemalige Hotel *Fürstenhof,* errichtet im Jahre 1905 nach den Plänen Arnold Heymanns, und seitens des Hoteliers Baruch für die vornehmsten Gäste Marienbads vorgesehen. Die Interhotels *Exelsior* und *Cristal* schließen diese Reihe ab.

Hinter dieser Häuserreihe stehen am Fuße der Anhöhe zwei architektonisch exotisch wirkende Kirchen. Die *russische Kirche,* erbaut in den Jahren 1900–1901 mit Hilfe zahlreicher Spenden der russischen Kurgäste, und die *englische Kirche,* ein roter Ziegelbau im Stile einer romanisch-gotischen Dorfkirche aus dem Jahre 1878.

Gegenüber vom Hotel Cristal liegt die Nachtbar *Lil.* Es ist die ehemalige berühmte *Villa Luginsland,* in der sich 1904 der englische König und der österreichische Kaiser trafen. Die Anhöhen der östlichen Seite am Fuße des Hamelikaberges schmückt das monumentale Schloß *Miramonti* (jetzt ein Erholungsheim), ein prunkvoller Bau mit vielen Giebeln und Türmchen, der zu den wirkungsvollsten des Kurortes zählt. Zum Erholungsheim wurde auch das nördlich liegende Kaffee *Panorama* aus dem Jahre 1876. Unweit, auf dem höchsten Punkt des Hamelikaberges, steht der 1876 als romantische Burgruine errichtete *Aussichtsturm.* In der Richtung Neubad kommen wir zu dem *Goethesitz,* einem Sandsteinobelisken zur Erinnerung an Goethes Aufenthalte in Marienbad. Am nahen *Kreuzberg,* über dem Kursaal Casino, steht das *Pestkreuz.* Es wurde im Jahre 1832 zum Danke dafür, daß Marienbad von der Pest verschont blieb, errichtet.

64

Altes Fachwerkhaus im Kaiserwald (Kschika)

Bad Königswart – Richardsquelle

*Einsiedl – Jugendstildeckengemälde
in der Pfarrkirche
der Heiligen Peter und Paul*

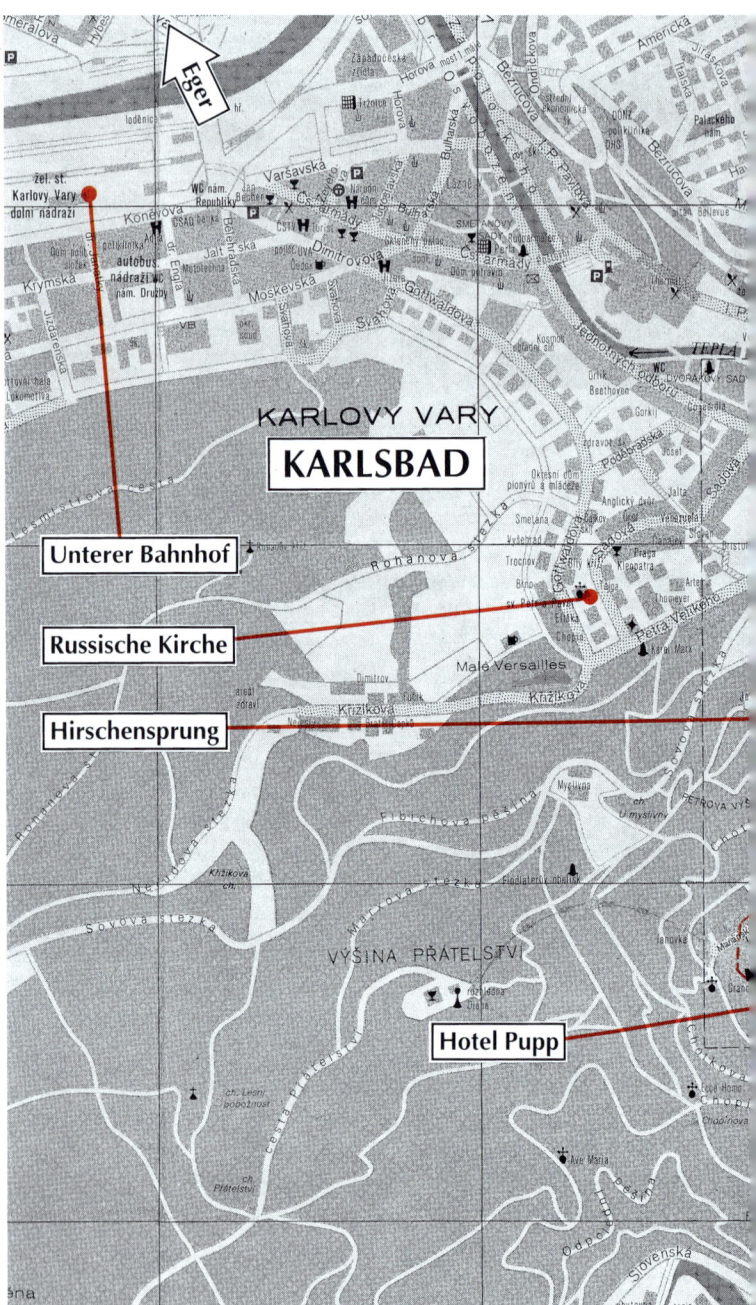

KARLOVY VARY

KARLSBAD

Unterer Bahnhof

Russische Kirche

Hirschensprung

Hotel Pupp

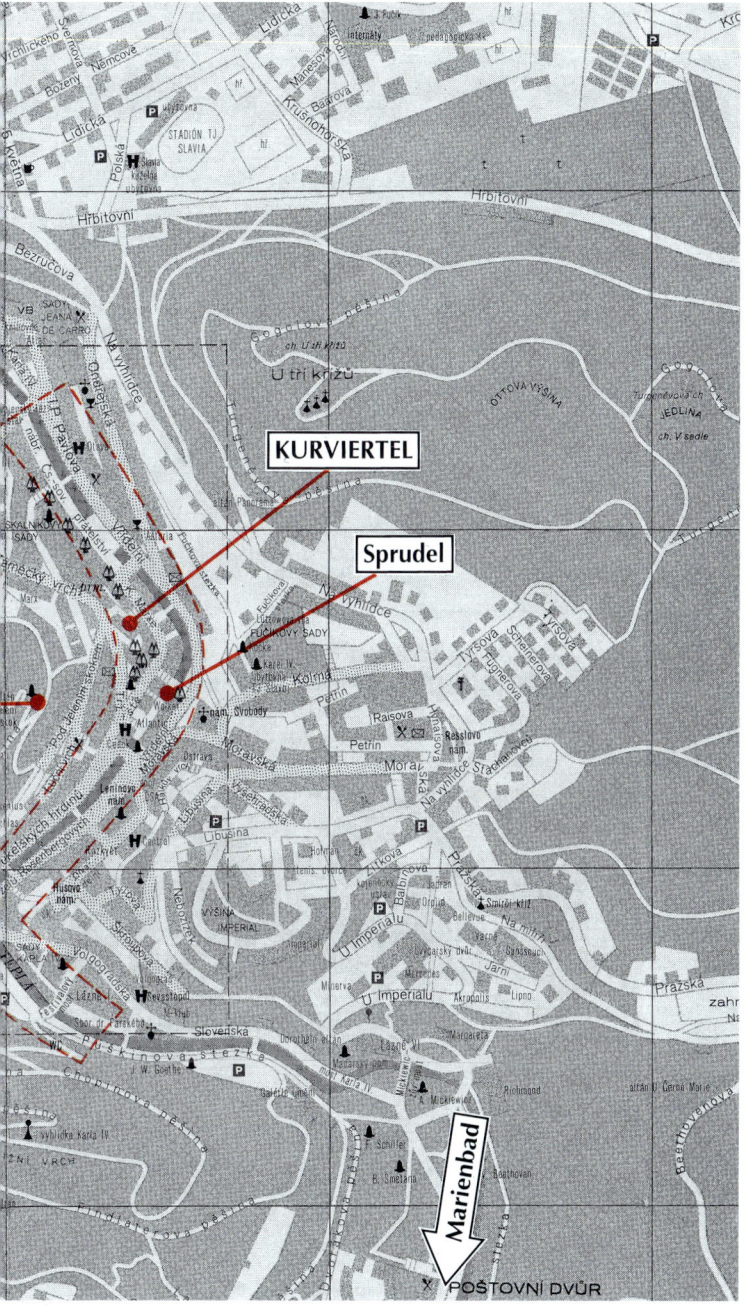

KURVIERTEL

Sprudel

Marienbad

POŠTOVNÍ DVŮR

67

Das Phänomen Karlsbad

Motto:
Menschen, ihr seid ja alle krank!
Wer ist denn gesund?
Der eine zu schlank,
Der andre zu rund,
Du zu mager und du zu fett.
Löst nur schleunigst ein Billett
Und kommt in Strömen
Nach Karlsbad in Böhmen!

(Ein Magdeburger Kurgast, 1900)

Karlsbad ist der größte Kurort in der ČSFR. Während seiner Existenz suchten hier mehr als 6 Millionen Patienten aus aller Welt Heilung. Das Alpha und das Omega der Stadt ist ihr Kurwesen. In Karlsbad entspringen mehr als 60 Thermen, wovon zu Kurzwecken 12 große Quellen benutzt werden. Die Temperatur der einzelnen Heilquellen bewegt sich zwischen 34 und 73 °C. Der Zusammensetzung nach handelt es sich um alkalisch-muriatisch-salinische Säuerlinge. Der Kurort ist zur Heilung von Krankheiten des Verdauungsapparates und von Stoffwechselstörungen geeignet. Jährlich kommen 85 000 Kurgäste, 250 000 Touristen aus 70 Ländern der Welt und 2 Millionen Passanten.

Das Bad liegt an der Mündung des Flüßchens Teplá (Tepl) in den Fluß Ohře (Eger), 376 Meter über dem Meer. Drei Gebirge ziehen sich um die Stadt – Krušné hory (Erzgebirge), Slavkovský les (Kaiserwald) und Doupovské hory (Duppauer Gebirge). Karlsbad ist ringsherum von Wäldern umgeben, die 36,3 Prozent des Stadtgebietes bedecken. In den Wäldern kann man 130 km Promenadenwege durchwandern. Im Jahre 1990 hatte Karlsbad 60 000 ständige Einwohner.

Karlsbad – Die Gemse
in den Hirschensprungfelsen

Sieben Jahrhunderte einer Stadtgeschichte

Im 14. Jahrhundert ist das Weltbad Karlsbad geboren

Wir anhaben gesehen stette Treue, die zu Uns, den Kunigreich und der Cronen zu Böheim Unser Lieben Getreuen Burger zu Carlsbad fleißiglich getragen haben, als Sie das auch mit iren vermuglichen Diensten Teglich beweisen . . .

(Kaiser Karl IV., 1370)

Der Sage nach wurden Karlsbads Quellen von Kaiser Karl IV. bei einer Hirschjagd entdeckt. Es soll dies um das Jahr 1350 geschehen sein. Am 14. August 1370 erteilte Karl IV. dem Kurort die Rechte einer königlichen Stadt und begnadete ihn mit vielen Privilegien. Der römische Kaiser und böhmische König besuchte Karlsbad in den Jahren 1370, 1374 und 1376. Um das Jahr 1358 ließ sich Karl IV. in Karlsbad ein Jagdschloß bauen. Den Rest bildet heutzutage der Schloßturm in der Nähe des Sprudels.

Es ist sicher, daß die Karlsbader Quellen schon lange vor Karl IV. bekannt waren. Dies bezeugen zahlreiche archäologische Funde. Die ältesten Spuren des Menschen in der Karlsbader Landschaft stammen aus der mittleren und jüngeren Steinzeit aus Tašovice (Taschwitz). In Drahovice (Drahowitz) fand man vor kurzem eine Siedlung aus der Bronzezeit. Die ersten Einwohner von Karlsbad kamen aus dem alten Lehensdorf Obora (Thiergarten), das in den Wäldern 3 km westlich vom Sprudel lag. Der letzte Zeuge dieses mittelalterlichen Dorfes ist die *Ruine der romanischen St.-Leonhard-Kirche*, die schon im Jahre 1246 erwähnt wird. Zur Zeit unternimmt das Karlsbader Museum in diesem ältesten Denkmal von Karlsbad umfangreiche Grabungen, die schon viele wertvolle Funde brachten. Man hofft, daß die wissenschaftliche Auswertung der Funde neue Kenntnisse zur ältesten Geschichte der Sprudelstadt bringt.
Zeugen des Zeitalters heute: St.-Leonhard-Kirche, Schloßturm in Karlsbad.

Im 15. Jahrhundert war Karlsbad als Kurort schon in ganz Europa bekannt.

Ein bad pey eger zuom elnbogen,
Dem man auch ser nach tut frogen
Großer hilf halb, die es beweist
Am ruck unnd hüfften, wer dran kreist
lame gelid und sunst vil brechen,
die heilt es alß die meng tut sprechen.

(Hans Foltz, 1480)

Entdeckung des Karlsbader Sprudels, Kupferstich um 1830 aus der Sammlung des Karlsbader Museums

Damals war aber der Name Karlsbad noch nicht üblich – man bezeichnete das Bad als „Warmbad bei Elbogen". Die ältesten Badegäste Karlsbads sind uns aus den Ausgabs-Büchern des Egerer Stadtarchivs bekannt. Es suchten damals beim Sprudel diese Herrschaften Genesung:

1443 die Markgräfin von Kulmbach,

1450 – 1453 die Markgrafen Johann und Albrecht von Kulmbach,

1457 der Bischof von Agram,

1465 der Bischof von Regensburg,

1473 der Pfalzgraf,

1475 Johann von Hassenstein,

1479 Benesch von Weitmil,

1491 der Markgraf von Baireuth,

1492 der Graf von Schwarzburg.

Den Ruhm der Karlsbader Quellen um das Jahr 1500 bezeugt die lateinische Ode „In thermas Caroli Quarti" aus der Feder des böhmischen Humanisten Bohuslaw Lobkowitz von Hassenstein (1462 –1510). Es ist dies das erste dichterische Werk auf die Karlsbader Quellen. Hier eine Kostprobe dieses schönen Lobgesanges:

An Karlsbads Heilquellen

Spende durch heilenden Strom
den leidenden Menschen Gesundheit
Manches Jahrhundert noch! Des Greises gealterte Sehne
Stähle zu neuer Kraft; laß rosig von neuem erblühen
Schüchterner Junfrau Reiz, und banne jegliche Krankheit,
Daß zum heimischen Herd stets kehre mit fröhlichem Muthe,
Wer in die heilende Fluth die erkrankten Glieder getauchet!

(Deutsche Übersetzung von Johann Rittersberg, 1820)

Über das bauliche Antlitz des Karlsbades im 15. Jahrhundert haben wir keine genaue Nachrichten. Im Jahre 1485 wird zum erstenmal die gotische Marien-Magdalenen-Kirche erwähnt. Ihr gegenüber hoch über dem Markt ragte auf hohem Felsen der Schloßturm. Das Herz des Badestädtchens bildete schon damals der Sprudel, die stärkste und heißeste Quelle in Karlsbad (72 °C). Die Häuserzahl war gering – um das Jahr 1500 standen ringsherum um den Sprudel etwa 70 Häuser. Sie waren klein, mit Fachwerk und Schindeldächern. Im Jahre 1500 bekam die Sprudelstadt ein zweites Gotteshaus, die Andreaskirche.
Das ganze Mittelalter bis tief in das 16. Jahrhundert hinein wurde in Karlsbad nur eine Kurmethode angewandt – der Kurgast mußte täglich 10 bis 12 Stunden baden.
Zeugen des Zeitalters heute: Andreaskirche.

Im 16. Jahrhundert kam das Evangelium
und die große Wassersnot

Und hier gebührt sich zu vermerken, das gar viele dieses Bad
den Vergnügungen zulieb aufsuchen.

(Dr. Wenceslaus Payer, 1522)

O Quelle, erwärmet von immer gleicher Hitze,
Nachbarin der rauschenden Tepel!
Die du der Menschen vielgestalte Leiden vertreibst,
Die du mit milder Kraft die schlaffen Glieder erfrischest,
Ach, bring in meine Glieder die gewohnte Gesundheit zurück!
Und erlöse mich Elenden von solchen Leiden,
Damit ich, wie vorher, die Musen pflegen
Und die ganze Zeit wieder meinen Studien widmen kann.
Gefeiert wird dann dein Name auf dem ganzen Erdkreis werden,
Übertreffen wird dein Ruhm jenen der Musenquellen.

(Elias Corvinus, 1580)

Im Jahre 1522 erschien in Leipzig die erste medizinische Schrift über Karlsbad. Das Werk „Tractatus de Termis Caroli Quarti Im-

peratoris" schrieb der aus Elbogen gebürtige Badearzt Wenceslaus Payer (1488–1537). Es enthält Ratschläge, wie man die
Karlsbader Quellen zur Kur gebrauchen soll. Dr. Payer hat als erster das Trinken des Heilwassers empfohlen. Wie alles Neue, so
erkämpfte sich auch die Trinkkur nur schwer ihren Platz in der
Karlsbader Balneologie. Das ganze 16. Jahrhundert hindurch
überwog in der Sprudelstadt noch die altgewohnte Bäderkur.

Im Jahre 1520 baute man am Markt das Rathaus. Es diente volle
354 Jahre seinem Zweck. Wichtiges geschah 1554 – damals fie-
len die Karlsbader vom katholischen Glauben ab und nahmen
die Lehre Luthers an.

Die günstige Entwicklung des Kurortes im Renaissance-Zeitalter
wurde am 9. Mai 1582 durch einen harten Schicksalsschlag un-
terbrochen. Eine folgenschwere Überschwemmung hat an diesem Tag die Kurstadt dem Untergang nahe gebracht. Nach einer
amtlichen Darstellung „wurden 5 Brücken weggerissen, 36
Häuser weggeführt, etliche 18 zertrümmert, desgleichen das ge-
mein und Armer-Leut-Bad, 3 Mahlmühlen und die Schneid-
mühl". Weit über 20 Menschen verloren ihr Leben. Nach der
Wasserflut mußte man in Karlsbad an die 40 ganz neue Häuser
bauen. Die Neider Karlsbads verbreiteten nach der Drangsal
Flugschriften mit falschen Nachrichten, daß „in die dreyhundert
Personen in solcher Wasserfluth verdorben und ertruncken.
Item das die Brunnquell des warmen Wassers gantz und gar mit
wegk genommen und zerissen, das man derselben nicht mehr
zu gebrauchen". Es dauerte Jahre, bis Karlsbad die Schäden der
Überschwemmung überwunden hatte.

Neben der Payerschen Schrift erschien im 16. Jahrhundert noch
ein wertvolles Buch über Karlsbad (1571). Sein Autor war der
aus Karlsbad stammende Arzt Fabian Sommer.

An hohen Gästen sind im 16. Jahrhundert zu verzeichnen:

1504 der Fürst von Sachsen,
1559 Wilhelm von Rosenberg,
1569 Markgraf Johann von Brandenburg,
1571 Erzherzog Ferdinand von Tirol mit Gemahlin Philippine
      Welser,
1592 Markgraf Joachim Friedrich.

Aus dem 16. Jahrhundert sind in Karlsbad leider keine Denkmäler erhalten.

Im 17. Jahrhundert litt Karlsbad durch Feuer und Krieg

*Es ist aber das Carlsbad ein rechter rauher und wilder Ort. Liegt
in einem tieffen Thal mit gewaltig hohem Stickel-Gebirge umgeben. Um und zwischen diesen Bergen laufft die Töpel wurmwei-*

se mitten durch das Städtlein und fället darunter einen Büchsen-
schuß davon in die Eger.

(Christian Lehmann, 1699)

Kaum hatte sich Karlsbad von den Schrecken und Schäden der
großen Wasserflut 1582 erholt, wurde es am Freitag, dem 13.
August 1604, durch eine furchtbare Feuersbrunst fast völlig ein-
geäschert. Von 102 Häusern verbrannten ganze 99. Der Brand
vernichtete auch den Schloßturm, die Kirche und das Rathaus
mit einem Teil des Archives. Groß war damals die Not der Karlsbader, die um ihre ganze Habe kamen. Es dauerte lange, bevor
wieder Kurgäste zum Sprudel kommen konnten. Das Kurwesen
stagnierte.

Als die Zeiten wieder etwas besser wurden, kam plötzlich der
Dreißigjährige Krieg. Karlsbad hatte oft an Einquartierungen von
Soldaten und Brandschatzungen zu leiden. Am 7. und 8. Februar 1646 wurden die Karlsbader „von mehr denn 3000 Pferden
feindlicher Schweden totaliter außgeplündert und nacket auß-
gezogen, also das ihnen vast nicht ein bißen Brots gelaßen worden". 1630 war der berühmte Feldherr Albrecht von Wallenstein in Karlsbad zur Kur. Die Kriegsnot führte zum Niedergang
des Badelebens, es kamen immer weniger Kurgäste. Da mußten
sich die Karlsbader neue Erwerbsquellen suchen. So entwickel-
ten sich während der 1. Hälfte des 17. Jahrhunderts typische Alt-
Karlsbader Handwerkszünfte – die Zinngießer, die Messer-
schmiede, die Büchsenmacher und die Nadler.

Am 25. März 1628 traten die Karlsbader wieder zum römisch-
katholischen Glaubensbekenntnis über. Nur wenige Bürger
blieben der Lutherschen Lehre treu und mußten deshalb im Jahre 1624 nach Sachsen auswandern.

Ein hervorragender Badearzt prägte Anfang des 17. Jahrhunderts
die Karlsbader Kurmethode. Dr. Johann Stephan Strobelberger
(1593 – 1630) propagierte eifrig die Trinkkur und schrieb viele
Bücher über Karlsbad. Seine Ratschläge an den Kurgast sind oft
in Versen verfaßt. Hier ein Beispiel:

Drumb scheu dich nit, du krancker Mann,
Das dir ein Stein soll wachsen an,
In deinen Lenden oder Bauch,
Von dises warmes Wassers brauch.
Wann du es trinckst, wie sichs gebührt,
Natur alln Schadt verhüten wird.

(1622)

Durch das Wirken des Dr. Strobelberger überwog im 17. Jahrhundert in Karlsbad die Trinkkur, die Bäder gerieten in Vergessen-
heit. Bei der Trinkkur kam es zu Extremen: die Menge des getrun-
kenen Wassers steigerte sich bis zu 50 – 60 Kurbecher pro Tag.

Die bekanntesten Kurgäste dieser Periode waren der schon erwähnte Albrecht von Wallenstein, Friedrich von Brandenburg und August II., der Starke, König von Polen.

Zeugen des Zeitalters heute: Schloßturm – seine jetzige Form ist aus dem Jahre 1608, als er nach dem Stadtbrand umgebaut wurde.

Sonstige Bau- oder Denkmalzeugen der Zeit fehlen, sie sind im Meer der Ewigkeit verschwunden.

Das 18. Jahrhundert schenkte Karlsbad Dr. David Becher

Ins Karlsbad gehe ich auf alle Fälle, ich bin dieser Quelle eine ganz andere Existenz schuldig.

(Johann Wolfgang Goethe, 1785)

Seit dem Gebrauche des Karlsbads und des Egerbrunnens (Franzensbad) habe ich mich um vieles gebessert.

(Friedrich Schiller, 1791)

Die erste Hälfte des Jahrhunderts brachte Karlsbad einen großen wirtschaftlichen und kulturellen Aufschwung. Eine willkommene Reklame für das zielstrebige Bad waren zwei Kurbesuche des russischen Zaren Peter des Großen in den Jahren 1711 und 1712. Es kamen immer mehr hohe Gäste vom russischen und polnischen Hof. Karlsbad wurde nach und nach ein internationaler Kurort, wo sich die Großen, Berühmten und Reichen der Welt trafen. Im Barock etablierte sich Karlsbad erfolgreich zum Salon Europas. Seinen Glanz erhöhten außer den gekrönten Häuptern die Besuche berühmter Künstler, Schriftsteller, Dichter, Wissenschaftler und Musiker. Von den bekanntesten Gästen seien erwähnt:

1712 G. W. Leibnitz
1718 und 1720 J. S. Bach
1721 – 1732 Kaiserin Maria Theresia
1732 Kaiser Karl VI.
1763 CH. F. Gellert
1766 Kaiser Josef II.
1785 Giacomo Casanova
1785 – 1823 J. W. Goethe – der Dichter war 13mal in Karlsbad
1786 J. G. Herder
1791 F. Schiller

In den Jahren 1732 – 1736 wurde an Stelle der alten gotischen Kirche nach den Plänen des Kilian Ignaz Dientzenhofers ein neues barockes Gotteshaus gebaut.

Mitten in der Konjunktur traf am 23. Mai 1759 die Stadt ein furchtbares Brandunglück. Ein Feuer vernichtete zwei Drittel

Karlsbad – Dreifaltigkeitssäule
aus dem Jahre 1786

des Bades (224 Häuser) und forderte 4 Menschenleben. Den Wiederaufbau der Stadt rühmte der Karlsbader Badearzt Dr. David Becher im Jahre 1772 mit den Worten:
„Es ist nicht genug zu bewundern, wie eine mit weit schöneren und prächtigeren Häusen erbaute Stadt, gleich einem Phönix aus der Asche seiner Mutter, in einer so kurzen Zeit hat wieder erstehen können."

David Becher (1725–1792) ist der verdienstvollste Badearzt der Karlsbader Geschichte. Er gründete eine moderne Kurmethode, die bis zum heutigen Tage praktiziert wird. Nach seinen Ratschlägen mußte man das Heilwasser an den Quellen trinken, was zum Bau der Kolonnaden führte. Becher analysierte den Sprudel und erzeugte Karlsbader Sprudelsalz. Seinen Kurgästen verordnete er lange Spaziergänge, was in der Praxis zur Errichtung von Promenaden führte. Er brachte die Trinkkur und Bäderkur in einen vernünftigen Einklang. David Becher hat man mit Recht als den Karlsbader Hippokrates bezeichnet. Auch Dr. Becher gab im Jahre 1772 ein ausgezeichnetes Buch heraus: „Neue Abhandlungen über das Karlsbad".

Das letzte Drittel des Jahrhunderts stand im Zeichen einer regen Bautätigkeit. Man baute einen modernen Sprudelsaal (1777), ein neues Theater (1788), den Posthof (1791) und die Kolonnade des Neubrunnens (1792). Der Böhmische und der Sächsische Saal wurden zum traditionsreichen Gästehaus Pupp vereint.

Kurgäste hat man in Karlsbad schon immer hoch geschätzt. Die ältesten Verzeichnisse der Gäste (Kurlisten) stammen aus dem 17. Jahrhundert, sie waren handgeschrieben. Seit 1795 erschienen die Kurlisten gedruckt beim Karlsbader Buchdrucker Franieck.

Zeugen des Zeitalters heute: Marien-Magdalenen-Kirche 1736, Statue des hl. Bernhard von Clairvaux 1706, Dreifaltigkeitssäule 1716, Statue Karls IV. 1739, Bildwerk des hl. Johannes von Nepomuk beim Bad V 1728, Bildwerk des hl. Johannes von Nepomuk bei der Maria-Magdalenen-Kirche 1748, Restaurant Klein-Versailles 1780 (Malé Versailles), Restaurant Posthof 1791 (Poštovní dvůr).

Im 19. Jahrhundert hat man die jetzige Stadt gebaut

Karlsbad ist ein Brillant in Smaragdener Fassung.
(Alexander von Humboldt)

Wahrlich, es verlohnt sich der Mühe, alle Jahre nach Karlsbad zu reisen, einzig um darin anzukommen.

(Johanna Schopenhauer)

Was hat Napoleon gethan?
Unschuldig Volk erschlagen!
Der Sprudel aber heilt der Welt
Die Leber und den Magen!
(Josef Bergmann, 1883)

Nach den Napoleonischen Kriegen kamen jedes Jahr mehr Kurgäste zum Sprudel. Die vornehme und elegante Welt reiste oft und gerne ins Bad. Sie ließ ihr gutes Geld da und so wurde Karlsbad reicher und konnte durch gezielte Bauinvestitionen sein Äußeres ständig verbessern. Die Jahre zwischen 1815 und 1830 werden in Karlsbads Stadtgeschichte als die Dukaten-Jahre bezeichnet. Wahrlich, ein goldenes Zeitalter! Jede Saison kamen viele berühmte Gäste und ihr Name verlieh der Sprudelstadt einen Hauch der Ewigkeit. So finden wir in den Kurlisten mehrmals J. W. Goethe, Theodor Körner (1810, 1811 und 1813), Ludwig van Beethoven (1812), Nicolo Paganini (1828), Blücher (1816), Achim von Arnim (1817), Richard Wagner (1835), Fryderik Chopin (1835), Klemens Lothar Metternich (1819) und viele andere Persönlichkeiten der Politik, Kunst und Wissenschaft.

Im Jahre 1792 wurde im nahen Schlaggenwald (Horní Slavkov) die erste Porzellanfabrik in Böhmen gebaut. Kurz danach entstanden um Karlsbad herum zahlreiche Porzellanfabriken (Pirkenhammer und Gießhübel 1803, Dallwitz 1804, Alt-Rohlau 1810). Die Porzellanindustrie ist bald zu den wichtigsten regionalen Produktionen herangewachsen. In der zweiten Hälfte des 19. Jahrhunderts kam dann noch die Kristallglaserzeugung in der berühmten Karlsbader Glasfabrik Moser hinzu. Im Jahre 1844 beginnt in Karlsbad die Ausfuhr von Mineralwasser und Sprudelprodukten. Dies brachte der Stadt beträchtliche Einnahmen. Zum hervorragendsten Mineralwasser-Exporteur wurde Heinrich Mattoni (1830–1910), der auch den Weltruhm des Gießhübler Sauerbrunnens (Kyselka) gründete.

Im letzten Drittel des vorigen Jahrhunderts stand Karlsbad ganz im Zeichen umfangreicher Bautätigkeiten. Sie gaben der Stadt ihr jetziges architektonisches Bild, das überwiegend der Historismus und der Jugendstil prägten. Damals baute man die Mühlbrunnkolonnade (1881), die Sprudelkolonnade (1879), das Bad III (1866), das neue Stadttheater (1886) und das Kaiserbad (1895). Den Baucharakter des Kurortes beeinflußte sehr stark die Wiener Architekturschule. Sie präsentierte sich beim Sprudel in den Personen der Wiener Baumeister Ferdinand Fellner und Hermann Helmer. Nach ihren Plänen entstand in Karlsbad so mancher schmucke Bau (Sprudelkolonnade, Theater, Marktbrunnkolonnade, Schützenhaus u. a.).

Von größter Wichtigkeit für das Werden des Kurortes war sein Anschluß an das europäische Eisenbahnnetz im Jahre 1870, als der erste Zug die Strecke Karlsbad–Eger passierte. Um die Jahrhundertwende ergänzten zahlreiche Lokalbahnen die Verbindung Karlsbads mit seiner Umgebung (Marienbad 1898, Johann-Georgen-Stadt 1899, Merkelsgrün 1902).

Die wissenschaftlichen Grundlagen der Karlsbader Balneologie fußten im 19. Jahrhundert auf den Arbeiten der Badeärzte Jean

*Karlsbad – das Restaurant Peter gegenüber der
Mühlbrunnkolonnade*

de Carro, Rudolf Mannl, Eduard Hlawaczek, Leopold Fleckles,
Paul Cartellieri, Edgar Gans, Emerich Hertzka und V. N. Kronser.
Viele Forschungen widmeten sich der Applikation des Karlsba-
der Wassers bei Heilung der Zuckerkrankheit und der Fettsucht.

Das geistige Klima des Bades prägten auch vor 1900 Besuche
berühmter Leute. Erwähnen wir wenigstens Sigmund Freud
(1887), Heinrich Schliemann (1881), Anton Dvořák (1894), Ed-
ward Grieg (1887) und Johannes Brahms (1896).

Zeugen des Zeitalters heute: Kurhaus – Bad III 1866 (Lázně III), Militärbadehaus 1855 (Vojenský lázeňský ústav), Gebäude des Karlsbader Museums 1853 (Karlovarské muzeum), evangelische Kirche 1856, anglikanische Kirche St. Lukas 1877, russische Kirche der hl. Peter und Paul 1897, Mühlbrunnkolonnade 1881 (Mlýnská kolonáda), Stadttheater 1886 (Divadlo Vítězslava Nezvala), Goethe-Aussichtsturm 1889 (Goethova vyhlídka), Kaiserbad – Bad I 1895 (Lázně I), das Denkmal Karls IV. 1858, Aussichtsturm Kaiser Karls IV. 1877 (Vyhlídka Karla IV.), die Gemse 1851 (Kamzík).

Das 20. Jahrhundert bringt technischen Fortschritt aber auch viel Unheil über den Sprudel

Man weiß nicht, was man an dieser Erdenstätte zumeist rühmen soll, die heilende Kraft ihrer Brunnen, die Schönheit und Innigkeit ihrer gepflegten Landschaft, die Erinnerungen an die großen Gäste, die hier gesundet sind, die Liebenswürdigkeit des Volkstums, das darüber gebreitet ist. Wie glücklich bin ich, daß ich jetzt hier atmen darf und lebendig genieße das Doppelwunder: Karlsbad und Mai!

(Hans Watzlik, 1936)

Ein Jahr ohne mein Karlsbad wäre nur ein halbes Lebensjahr für mich.

(E. G. Kolbenheyer)

Die größte Einheitlichkeit und den größten architektonischen Reiz weist in der Tschechoslowakei Karlsbad auf. Es ist eine köstliche Tortenreihe. Alle weisen gleichen Stil und dieselbe Eleganz auf.

(Le Corbusier)

In Karlsbad habe ich immer das festliche Gefühl, daß jeder Tag hier ein Feiertag ist.
(Ein anonymer Kurgast, 1980)

Kurz vor dem 1. Weltkrieg erreichte Karlsbad die höchste Besucherzahl seiner bisherigen Geschichte. Im Jahre 1911 kamen 70 935 Kurgäste. Ein Jahr später war das imposante Hotel Imperial vollendet, das wie eine mächtige Burg die Stadt krönte. Dieser Bau war ein letztes Symbol für das Aufblühen des Bades im Zeitalter des Jugendstils. Der große Krieg machte Schluß mit den guten alten Zeiten. Auf den europäischen Kriegsfeldern ließen 515 Karlsbader ihr Leben. Trauer und Not klopften wieder einmal an die Tore der Sprudelstadt.

*Karlsbad – Hotel Imperial
aus dem Jahre 1912,
im Vordergrund die Gemse*

1918 wurde die Tschechoslowakische Republik gegründet. Die
Karlsbader wollten damals als Deutsche zur Provinz Deutsch-
Böhmen gehören, die aber nie zustande kam. Tschechisches Militär besetzte 1918 Karlsbad. Das war die politische Ouvertüre
zu den folgenden 20 Jahren, in denen leider der künstlich ge-

Karlsbad – Grand Hotel Pupp, der größte Hotelbetrieb der Sprudelstadt wurde um die Jahrhundertwende erbaut.

schürte Nationalismus seitens der Deutschen wie auch der Tschechen eine schlimme Rolle spielte. Durch das Münchner Abkommen vom 29. September 1938 wurden die Sudetenländer und somit auch Karlsbad ein Bestandteil des Dritten Reiches. Bald darauf gab es wieder Krieg. Der Kurbetrieb ist zusammengebrochen. Vor Kriegsende 1945 war die Lazarett-Stadt Karlsbad noch Ziel vieler Luftangriffe. Die Quellen aber blieben wie durch ein Wunder unversehrt.

Im Mai 1945 trafen sich in Karlsbad die Armeen der USA und der UdSSR. Für die Sprudelstadt waren es bittere Tage. Die Jahre 1945–1946 brachten den deutschen Einwohnern Karlsbads die Vertreibung aus ihrer Heimat, die Stadt besiedelten überwiegend Tschechen. In den letzten 45 Jahren waren sie mit mehr oder weniger Erfolg bestrebt, den Ruhm des Weltbades Karlsbad zu erhalten und zu vermehren. Viele alte Häuser mußten Platz machen für Neubauten. Leider paßt nicht alles Moderne in die Atmosphäre des alten Bades (Sprudelkolonnade, Sanatorium Thermal). Seit der politischen Wende des Jahres 1989 in der ČSFR blickt Karlsbad mit Zuversicht in seine Zukunft. Viele ausländische Unternehmer wollen beim Sprudel investieren und moderne Kurhäuser bauen. Dabei gilt es für die Karlsbader Denkmalpfleger streng darauf zu achten, daß die alten wertvollen Bauten nicht der Unvernunft zum Opfer fallen.

Karlsbad – Durchblick von der Mühlbrunnkolonnade zum Kurhaus Pasteur

Groß ist die Anzahl der berühmten Besucher des Bades im 20. Jahrhundert. Nennen wir nur einige: Franz Josef I. (1904), Eduard VII. (1907), Franz Kafka (1916), Kemal Atatürk (1918), Alfons Mucha (1922), T. G. Masaryk (1923 – 1933), Mary Pickford und Douglas Fairbanks (1926), Karel Čapek (1935), Arnold Zweig (1958), David Oistrach (1961), Luis Chiron (1963), Claudia Cardinale (1964), Toni Seiler (1966); Jurij Gagarin (1966), Pierre Brice (1968), Henry Fonda (1970), Hans Dietrich Genscher (1986), Juan Carlos I. (1987), Václav Havel (1990).

Die Karlsbader Balneologie erhielt nach 1945 ihr eigenes Forschungsinstitut – Výzkumný ústav balneologický. Zahlreiche wissenschaftliche Arbeiten über Karlsbads Heilwirkung schrieben die Ärzte Buxbaum, Ritter, Simon, Hendrych, Stransky, Joachim, Bureš, Fried, Hanycz, Benda, Weiss, Kolominský, Mixa, Křížek und Miessler.

Zeugen des Zeitalters heute: Hotel Imperial 1912, Kunstgalerie 1912 (Galerie umění), Hotel Atlantic 1912, Schloßbrunnkolonnade 1913 (Kolonáda Zámeckého pramene), Gasbad – Bad VI 1927 (Lázně VI), Schiller-Denkmal 1909, Beethoven-Denkmal 1929, Sparkasse 1906 (Spořitelna), Markthalle 1913 (Tržnice), Tepl-Talsperre in Pirkenhammer 1936 (Přehrada Březová), Sanatorium Sanssouci 1970, Sprudelkolonnade 1975 (Vřídelní kolonáda), Sanatorium Thermal 1977, Hotel Dvořák 1990, Denkmal Kaiser Karls IV. 1956.

Was man in Karlsbad sehen sollte – Spaziergänge in und um Karlsbad

Von der Hauptpost zum Sprudel (2 km)

Der Ausgangspunkt des Spazierganges ist die Karlsbader *Haupt-post (Hlavní pošta).* Sie wurde im Jahre 1903 nach den Plänen des Architekten Friedrich Setz gebaut. Im Smetana-Park gegen-über der Post sehen wir das schloßartige Gebäude des *Bades V* (Lázně V, Franz Drobny, 1906). Von der Post gehen wir bergauf-wärts zum *Schwimmbassin des Thermal-Sanatoriums.* Hier kann man ein angenehmes Bad im Karlsbader Thermalwasser nehmen. Vom Bassin aus genießen wir einen wunderbaren Ausblick auf das Kurzentrum von Karlsbad. Das *Sanatorium Thermal* (V. Machonin, 1977) hat 900 Betten, ein Festival-Kino mit 1200 Plätzen und Restauranträume für 2000 Personen.

Nur wenige Schritte hinter dem Thermalbassin steht am Hang des Dreikreuzberges (U tří křížů) die *Friedhofskirche des hl. Andreas* aus dem Jahre 1500. Ihre jetzige Form erhielt sie 1841. Beim Gotteshaus liegt der aufgelassene Friedhof mit vielen lei-der arg beschädigten Grabmälern.

Nun steigen wir hinab ins Tal und kommen bald zum Gebäude der Stadtbibliothek (Okresní knihovna). An ihrer Stirnseite be-findet sich eine künstlerisch wertvolle barocke *Plastik Karls IV.* aus dem Jahre 1739. Am Sockel der Satue sehen wir die Darstel-lung der Karlsbader Gründungssage (Hirschjagd). Gegenüber der Bibliothek ist das hohe und markante Haus des *Forschungs-institutes für Balneologie.* Es trägt den Namen I. P. Pavlovs, der 1927 in Karlsbad weilte. Am linken Teplufer stehen die auffälli-gen Gebäude des *Militärbadehauses* (Vojenský lázeňský ústav, Arch. Hagenauer, 1855) und des *Bades III* (Lázně III, Renner, La-bitzky, Hein, 1866). Im Militärbadehaus entspringt der Park-brunnen (Sadový pramen). Seinen Namen trägt die nur einige Schritte entfernte gußeiserne Wandelbahn der *Parkbrunnkolon-nade* (Kolonáda Sadového pramene) aus dem Jahre 1881.

Unser weiterer Spaziergang führt am Bad III vorbei. Es ist neben dem Militärbadehaus das zweitälteste zentrale Badehaus der Stadt. Neben Kurzwecken dient es auch kulturellen Veranstal-tungen. Im hiesigen Konzertsaal verkündete Konrad Henlein am

*Karlsbad – das Forschungsinstitut
für Balneologie*

24. April 1938 die acht Karlsbader Punkte der Sudetendeutschen Partei, Forderungen an die tschechoslowakische Regierung.

Gegenüber dem Bad III am rechten Teplufer ist das *Hotel Otava,* in dem 1845 der russische Schriftsteller J. N. Gogol wohnte.

Nun kommen wir auf die *Mühlbrunnkolonnade* (Mlýnská kolonáda). Der offene Hallenbau mit 124 korinthischen Granitsäulen wurde nach den Plänen des Josef Zítek in den Jahren 1871 – 1881 errichtet. In der Kolonnade entspringen die meisten Karlsbader Heilquellen: Mühlbrunnen (Mlýnský pramen), Libussaquelle (Libušin pramen), Fürst-Wenzel-Brunnen (Pramen knížete Václava), Rusalka-Quelle (Rusalčin pramen) und Felsenbrunnen (Skalní pramen). Über dem Felsenbrunnen stehen zwei steinerne Denkmäler: die *Cambridge-Säule* (1834) und die *Statue des hl. Bernhard von Clairvaux* (1706).

Schreiten wir weiter in Richtung Sprudel. Im Hause *„Zum goldenen Schlüssel"* (U zlatého klíče) befindet sich ein Museum. Zur Zeit wird es neu gestaltet, es wird der Karlsbader Kurgeschichte gewidmet sein. Das Haus besuchte in den Jahren 1874 – 1876 als Kurgast Karl Marx, 1912 wohnte Sigmund Freud hier.

Am Markt fällt das schöne *Haus Zawojski* auf. Es ist im Jahre 1900 in reinem Jugendstil erbaut worden (Karl Haybäck). Die Dominante des Marktes bildet der *Schloßturm* (Zámecká věž). Seine Barockform erhielt er im Jahre 1608. Vier Jahre vorher brannte das Schloßgebäude aus dem 14. Jahrhundert völlig aus. Heute ist im Schloßturm eine Weinstube, die den Namen des Kaisers Karl IV. trägt.

Direkt unter dem Schloßturm steht seit 1883 die *Marktbrunnkolonnade* (Tržní kolonáda). Sie wurde an Stelle des alten Rathauses aus dem Jahre 1520 gebaut. Die Kolonnade deckt den Markt-

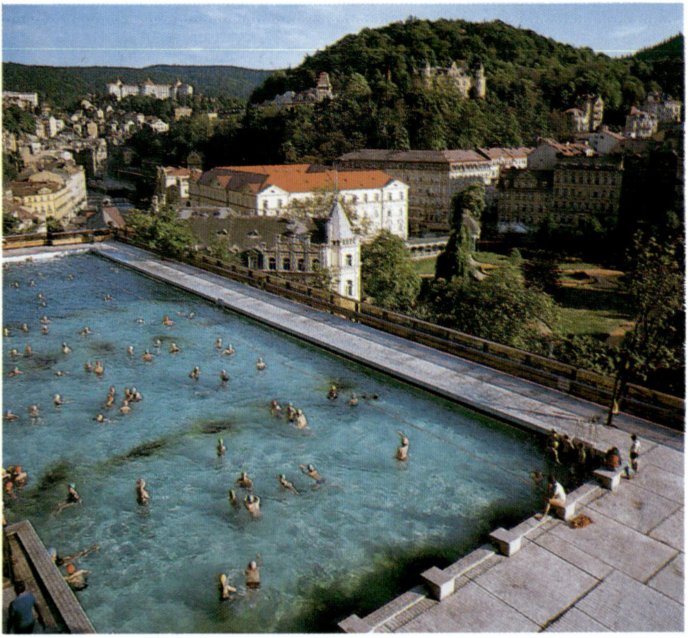

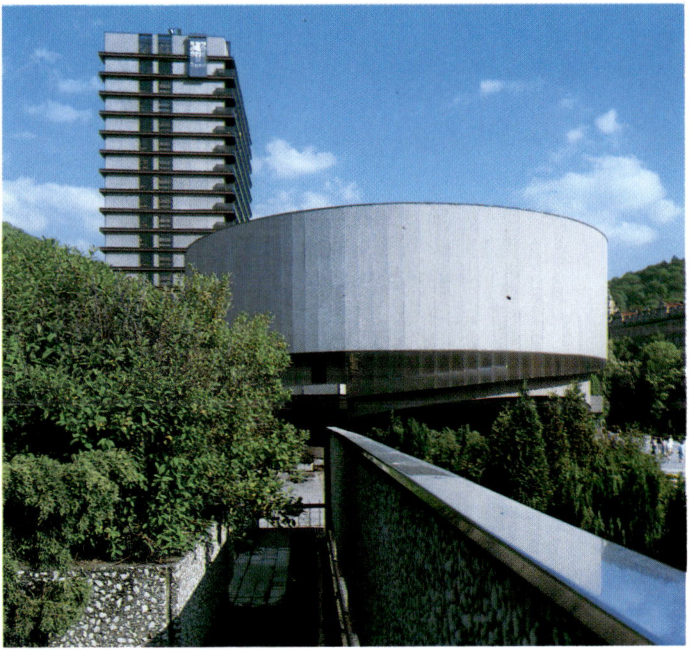

brunnen (Tržní pramen) und die Karlsquelle (Pramen Karla IV).
Gegenwärtig wird der schon ziemlich morsche Holzbau demontiert und durch eine getreue Kopie ersetzt.

Bevor wir die Sprudelkolonnade betreten, widmen wir unsere Aufmerksamkeit noch der *Dreifaltigkeitssäule*. Es ist ein barokkes Meisterwerk des Luditzer (Žlutice) Bildhauers Josef Oswald Wenda aus dem Jahre 1716. Die Karlsbader errichteten die Säule als Dankzeichen dafür, daß ihre Stadt im Jahre 1713 von der Pest verschont blieb.

Die heiße Quelle, der *Sprudel* (Vřídlo), ist seit Jahrhunderten das Herz von Karlsbad. Die jetzige Sprudelkolonnade (J. Otruba, 1975) wird oft mit Recht kritisiert, denn sie ist architektonisch mißlungen. Der Bau paßt nicht in das Karlsbader Milieu hinein. Deshalb plant der Stadtrat eine Wettbewerbausschreibung zur baulichen Neugestaltung des Sprudelraumes.

Schon Millionen Menschen bestaunten das Naturwunder des Sprudels. Die Quelle hat eine Temperatur von 72 °C und ihre Minutenschüttung beträgt 2000 Liter. Sie entspringt aus einer Tiefe von etwa zweitausend Metern. Die Fontäne springt 10 – 15 Meter hoch. In der Vergangenheit kam es oft zu Sprudelausbruchkatastrophen. Ihre Ursache lag in der Aragonit-Verlegung der Mündungskanäle des Sprudels, die man nicht rechtzeitig durchbohrt hatte. Der folgenschwerste Sprudelausbruch ereignete sich am 2. September 1809.

Karlsbad – der Sprudel

Vom Sprudel zum Kaffeehaus Toscana (2,5 km)

Hoch über dem Sprudel steht die *Maria-Magdalenen-Kirche.* Den stolzen Bau schuf der böhmische Architekt des Barock Kilian Ignaz Dientzenhofer. Nur 4 Jahre dauerten die Bauarbeiten (1732–1736). In der Kirche wirkte als Dechant der verdienstvolle Karlsbader Geschichtsschreiber August Leopold Stöhr (1764–1831).

Das Straßenbild zwischen der Maria-Magdalena-Kirche und der städtischen Sparkasse prägen moderne Kurhäuser, die in den Jahren 1978–1982 gebaut wurden. Im Gegensatz zur Sprudelkolonnade sind sie Musterbeispiele dafür, wie man heute in Karlsbad bauen sollte – modern, jedoch mit Respekt vor dem Alten.

Karlsbad – Blick von der Dreifaltigkeitssäule über die Sprudelkolonnade zur Marien-Magdalenen-Kirche

Die Sparkasse (Spořitelna) ist ein Jugenstil-Kleinod. Im Jahre 1906 baute sie der Karlsbader Architekt Otto Stainl.

Unübersehbar ist beim Sprudel das *Haus Atlantic.* Seinen baulichen Reiz hat es in allen Stil-Perioden erfolgreich behaupten können. Es ist ein Werk des heimischen Baumeisters A. Bayer (1912).

Gegenüber dem Hause Atlantic steht das *Goethe-Haus „Drei Mohren".* Der Dichter weilte in den Jahren 1806–1820 neunmal in seinen Wänden, was heute eine Gedenktafel bezeugt. Zwei weitere Goethehäuser befinden sich auf der Alten Wiese (Stará louka): „Weißer Hase" (1785) und „Mozart" (1786).

Karlsbad – Talblick auf die Marien-Magdalenen-Kirche

Die *Alte Wiese* ist die beliebteste Karlsbader Promenadenstraße.
Die ersten Häuser baute man hier Ende des 17. Jahrhunderts. So
manches Gebäude machte Geschichte. Im Haus Nr. 334 entstand 1788 die erste Karlsbader Buchdruckerei Franieck. Im
Haus Nr. 335 ist das Restaurant „Schöne Königin" (Krásná krá-
lovna). Es baute ein Karlsbader Schneider, der Hoflieferant der
Kaiserin Maria Theresia war. Das Kaffee „Elefant" war schon vor
150 Jahren da. Die Pläne des Kurhauses „Jessenius" (Nr. 340)
schuf 1931 der Wiener Architekt Friedrich Loos. Leider sind vor
einigen Jahren die Häuser „Strauß" und „Goldene Krone" wegen eines Neubaues abgerissen worden. Im „Strauß" wohnte
1823 Goethe.

Auf der *Neuen Wiese* (Nová louka) zieht unsere Augen das *Stadttheater* an. Den zierlichen Bau haben F. Fellner und H. Helmer entworfen, vollendet wurde er 1886. Gehen wir auf der Neuen Wiese weiter, so kommen wir zum erstklassigen *Hotel Dvořák*. Es besteht aus 4 Häusern, die 1990 von der AG Balnex gebaut wurden. Auch dieses Objekt ist ein gutes Beispiel, wie man die Sprudelstadt geschmackvoll modernisieren kann. Nur einige Schritte weiter laden wir Sie ein zum Besuch des *Karlsbader Museums* auf der Neuen Wiese Nr. 23. Es bietet seinen Gästen viel Anschauliches über Natur und Geschichte von Karlsbad und Umgebung.

Der Teplfluß führt uns weiter zum *Kaiserbad – Bad I* (Lázně I). Auch diesen Prachtbau aus dem Jahre 1895 haben F. Fellner und H. Helmer entworfen. Sehenswert sind im Hause zwei eindrucksvolle Ölgemälde des Karlsbader Malers Wilhelm Schneider („Berühmte Karlsbader Kurgäste bis 1914") und das Luxusbad des Kaisers Franz Josef I.

Im Park vor dem Kaiserbad steht die Statue Karls IV. (O. Švec, 1956).

Über den Fluß gelangen wir zum *Grand-Hotel Pupp.* Seine Anfänge reichen bis in das erste Drittel des 18. Jahrhunderts zurück. Den Ruhm des Hauses begründete der Zuckerbäcker Johann Georg Pupp († 1810). Seine heutige Gestalt im Geist des Neu-Barock erhielt das Hotel Pupp um die Jahrhundertwende.

Vom Pupp schreiten wir am Teplufer entlang durch die *Dorotheen-Au* (Dorotiny nivy). Zu unserer Linken ist die *evangelische Kirche*. Gegründet 1856, erhielt sie ihre jetzige Bauform 1894 (Arch. Julius Zeißig). Entlang der Felsen begleiten unseren Spaziergang zahlreiche *Dank- und Gedenkinschriften* Karlsbader Kurgäste. Auf einem Felsen rechts der Tepl leuchtet uns das *Dorotheen-Tempelchen* entgegen. Graf Christian Clam-Gallas ließ es 1791 zu Ehren der Herzogin Dorothea von Kurland errichten.

Die *Kunstgalerie* am Ende der Dorotheen-Au lädt zur Besichtigung ihrer Sammlungen ein. Der Bau wurde 1912 vollendet. Gleich neben der Galerie steht das *Schiller-Denkmal,* ein Werk von Friedrich Ohmann und Max Hiller (1909). Fünfzig Meter weiter treffen wir auf das *Antonín-Dvořák-Denkmal* (Josef Wagner, 1949).

Das *Gasbad* wird heute als *Bad VI* (Lázně VI) bezeichnet. Es ist das jüngste Badehaus Karlsbads, 1927 vollendet nach Plänen des Architekten Rudolf Wels aus Karlsbad.

Das *Sanatorium Richmond* entstand aus dem Café Schönbrunn. Dieses schloßähnliche Kurhaus hat eine lange Bauentwicklung hinter sich. Die jetzige Form erhielt es in den Jahren 1925 – 1927. Im Richmond-Garten sind zahlreiche Werke des Wiener Bildhauers Bormann anzutreffen.

*Karlsbad – das Hotel Atlantic
und das Restaurant „Schöne Königin"*

Im Park zwischen dem Sanatorium Richmond und dem Posthof besichtigen wir das monumentale *Beethoven-Denkmal.* Der Karlsbader Bildhauer Hugo Uher ist sein Schöpfer, 1929 wurde das Prachtwerk enthüllt.

Im Kaffeegarten des *Posthofes* (Poštovní dvůr) machen wir kurze Rast. Das Objekt errichtete im Jahre 1791 der Karlsbader Post-meister Josef Korb. Bald wurde der Posthof zum beliebtesten Ge-sellschafts- und Musikzentrum der Stadt. Im Jahre 1816 besuch-te der Feldmarschall Blücher den Posthof. Die Europapremiere von Dvořáks Symphonie „Aus der Neuen Welt" fand 1894 im Posthof statt. Beliebt waren hier seit 1876 die Konzerte der Karls-bader Kurkapelle unter der Leitung des Direktors Josef Labitzky. Beim Posthof ist am Waldesrand das Karlsbader Sommerkino.

Bald erreichen wir im romantischen Tepltal das Ziel unseres Spazierganges – das *Kaffeehaus und Restaurant Toscana.* Früher hieß es „Freundschaftssaal" und sein Gründungsjahr ist 1823. Hier können wir gemütlich essen und trinken oder uns beim Tanz vergnügen. Würden wir unsere Wanderung im Tepltal noch einige Kilometer fortsetzen, kämen wir zu den Karlsbader Tennisplätzen und schließlich bis zur *Porzellanfabrik* und zum *Stausee* in Březová (Pirkenhammer). Dort kann man baden oder sich dem Angelsport widmen.

*Karlsbad – in den Kurwäldern oberhalb
des Grand Hotels Pupp*

Blick auf Karlsbads Kurzentrum

links oben: Karlsbad – Kurpromenade Alte Wiese

Vom Sprudel nach St. Leonhard (5,5 km)

Dieser Spaziergang führt uns außerhalb der Stadt in die schönen Waldpromenaden westlich von Karlsbad.

Von der Dreifaltigkeitssäule schreiten wir den Schloßberg hinauf zur *Schloßbrunnkolonnade* (Kolonáda Zámeckého pramene), die 1913 Friedrich Ohmann baute. Der Schloßbrunnen (Zámecký pramen) wurde erst 1769 entdeckt. Er hat zwei Austritte, die untere und die obere Quelle. Der obere Schloßbrunnen ist der höchstgelegene Austritt aller Karlsbader Thermen. Über der Quelle des unteren Schloßbrunnen befindet sich ein riesiges Sandsteinrelief des „Quellengeistes".

Unser Weg führt weiter an der *Anglikanischen Kirche St. Lucas* vorbei. Sie entstand 1877 nach den Plänen des sächsischen Baurates Dr. Mothes in Form der englischen Backsteingotik. Wir sind jetzt im sogenannten *Westend-Viertel*. Zahlreiche noble Kurhäuser haben hier das Antlitz stolzer Schlösser. Im Kursanatorium Thomayer wohnte in den Jahren 1923–1933 der tschechoslowakische Präsident T. G. Masaryk.

Die goldenen Kuppeln der *Russischen Kirche* leuchten auf große Entfernung. Der großartige Bau entstand in den Jahren 1893–1897 nach den Plänen von Gustav Wiedermann.

Gegenüber der Kirche besuchen wir das alte Karlsbader *Gasthaus „Klein-Versailles"*. Es existierte schon im Jahre 1780. Im Jahre 1820 besuchte es Goethe bei einem bürgerlichen Hochzeitsfest. Im Gasthaus können wir ein gutes Pilsner Bier trinken und uns für die weitere Wanderung stärken.

Sie führt uns am *Jägerhaus* (Myslivna) vorbei zum *Kaffeehaus Hirschensprung*. Die Terrasse des Cafés bietet eine weite Fernsicht zum Erzgebirge (Krušné hory). Im Wald unter dem Café gelangen wir zu Karlsbads Wahrzeichen – zur *Gemse*. Die bronzene Plastik steht auf einem spitzigen Felsen. Im Jahre 1851 ließ sie der Baron August von Lützow errichten. Das Original wurde 1984 vernichtet und 1986 durch eine getreue Kopie ersetzt.

Nun richten wir unsere Schritte der *Freundschaftshöhe* (Výšina přátelství) zu. Den 547 Meter hohen Berg krönt ein Aussichtsturm aus dem Jahre 1912. Auf die Freundschaftshöhe kann man auch vom Hotel Pupp ab mit einer Drahtseilbahn fahren. Wir aber gehen heute zu Fuß.

Beim Jägerhaus besichtigen wir die *Findlater-Säule,* die 1804, gewidmet dem treuen Besucher Karlsbads, Lord J. O. Findlater, enthüllt wurde. Einige Schritte hinter dem Denkmal steht ein altes Steinkreuz aus dem Jahre 1579. Ein Stier soll hier einen Fleischer getötet haben.

Bald stehen wir am Gipfel der Freundschaftshöhe und finden dort neben der Diana-Aussichtswarte ein Kaffeehaus.

Von der Freundschaftshöhe aus wandern wir eine lange Strecke durch angenehme Waldpartien bis zum *Café St. Leonhard* (Sv. Linhart). Sein Name ist von der *Ruine der romanischen Kirche des hl. Leonhard* abgeleitet, die in der Nähe emporragt. Um die Kirche herum befand sich die mittelalterliche Ortschaft *Thiergarten* (Obora), von der wir heute nur sehr wenig Spuren finden. Das Waldcafé St. Leonhard, schon über 100 Jahre alt, ist bekannt durch ausgezeichneten Apfelkuchen und gebackene Forellen. Den Rückweg nach Karlsbad nehmen wir von St. Leonhard aus am besten mit der Buslinie Nr. 6 von Doubí (Aich) aus.

Karlsbad – die russische Kirche
des heiligen Peter und heiligen Paul

Karlsbad – der Goetheaussichtsturm am Ewigen Leben

Von der Post über das „Ewige Leben"
zum Sanatorium Imperial (4,5 km)

Dieser Spaziergang ist etwas anstrengend, denn sein höchster Punkt liegt 250 Meter über dem Sprudel.

Von der Hauptpost schreiten wir zur *Handelsakademie* (Střední ekonomická škola). Bei ihr entspringt in einem kleinen Pavillon die Eisenquelle (Železnatý pramen). Entlang der Bezručova Straße kommen wir von der Eisenquelle nach etwa 400 Metern zu einer Anhöhe, die ein runder Holztempel schmückt. Man hat von hier aus eine gute Aussicht auf die Stadt. Früher hieß der Ort *Galgenberg,* denn bis in die Hälfte des 18. Jahrhunderts stand hier die Karlsbader Richtstätte.

Der Aufstieg auf den *Dreikreuzberg* (U tří křížů, 554 Meter) ist zwar ziemlich steil, wir werden aber dafür mit einer sehr schönen Aussicht belohnt. Tief zu unseren Füssen liegt Karlsbads Kurzentrum, ringsum von waldigen Bergen umgeben. Die Fernsicht umfaßt einen großen Teil des Kaiserwaldes (Slavkovský les) und des Erzgebirges (Krušné hory). Die drei Kreuze am Gipfel des Berges hatte man um das Jahr 1640 aufgestellt. Sie waren ein Symbol der Gegenreformation und der Rückkehr des katholischen Glaubens nach Karlsbad. Noch vor dem 1. Weltkrieg wollte man auf dem Dreikreuzberg ein großes Hotel bauen. Durch den Krieg und den Geldmangel der folgenden Jahre aber gelangte leider das Vorhaben nie zur Vollendung. Nur Steinhaufen und Reste des Bahnkörpers einer Drahtseilbahn erinnern heute an die einstigen Pläne. Wird sie vielleicht die Zukunft doch noch vollenden?

Hoch über Karlsbad steigen wir jetzt über die *Otto-Höhe* (Ottova výšina, 599 Meter), 1852 nach dem König Otto von Griechenland benannt, zum *Ewigen Leben* (Věčný život, 636 Meter). Den Berg krönt der *Goethe-Aussichtsturm* (Goethova rozhledna) mit Restaurant. Früher hieß er Stephanie-Warte. Die Pläne zum 1889 vollendeten Bau erstellten die Wiener Architekten Fellner und Helmer. Die Aussicht ist hervorragend, man bekommt hier die beste Vorstellung von der Schönheit der Karlsbader Landschaft.

Und nun kehren wir ins Tal zurück. Wir können zu Fuß gehen oder mit der Buslinie Nr. 8 fahren. Von der sogenannten *Kunststraße* unterhalb Hůrky (Berghäuseln), die 1804–1806 gebaut wurde, haben wir einen faszinierenden Talblick auf Karlsbad, den schon Johanna Schopenhauer lobte. Dabei kommt das Sanatorium Imperial am besten zur Geltung. Wie eine Burg beherrscht es die Sprudelstadt. Der 300-Zimmer-Bau empfing seine ersten Kurgäste im Juni 1912.

Bei den Spaziergängen in Karlsbad sollte man eines nicht vergessen: sich ein typisches Karlsbader Souvenir zu kaufen. Da hat man die Wahl zwischen Porzellan, Kristallglas Moser, Magenlikör Becherbitter, Oblaten oder Reiseandenken aus Sprudelstein, von denen man die versteinerte Rose bestens empfehlen kann. Die *Glasfabrik Moser in Dvory* (Meierhöfen) und die *Porzellanfabrik in Březová* (Pirkenhammer) haben auf der Alten Wiese ihre Verkaufsniederlagen. In der Likörfabrik Jan Becher (Becherbitter) und in der Glasfabrik Moser sind sehenswerte Museen. Bei Voranmeldung kann man auch die Betriebe besichtigen. In der Porzellanfabrik Březová ist eine ständige Ausstellung von alten Erzeugnissen der Firma Pirkenhammer.

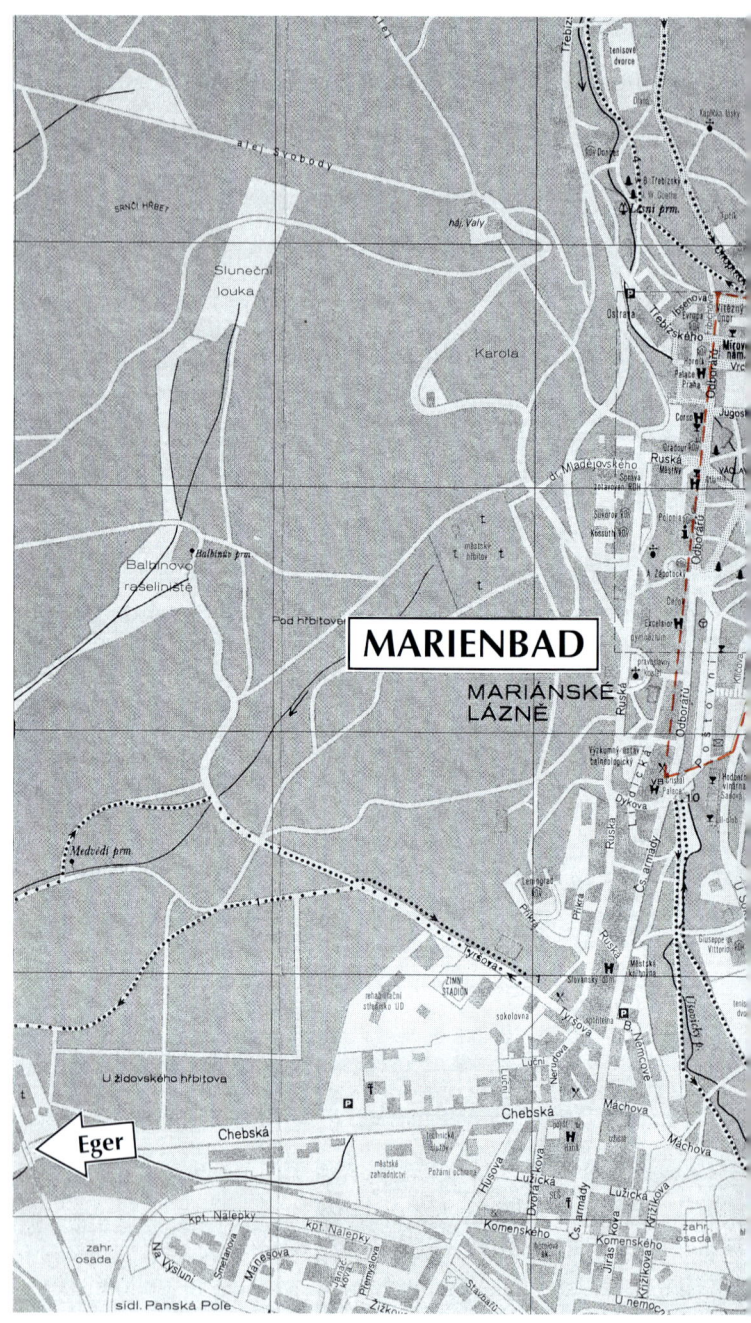

MARIENBAD

MARIÁNSKÉ
LÁZNĚ

Eger

KURVIERTEL

Karlsbad

Die Umgebung von Karlsbad

Gott segnete die Karlsbader Landschaft mit vielen Naturschönheiten und historischen Denkmälern. Einer ihrer größten Bewunderer war Johann Wolfgang Goethe. Aus seiner Bezauberung durch die Reize des eigenartigen Ländchens entstanden so manche Gedichte. Karlsbad widmete er 1812 diese Verse:

Was ich dort gelebt, genossen,
Was mir all dorther entsprossen,
Welche Freude, welche Kenntnis,
Wär ein allzulang Geständnis!
Mög es jeden so erfreuen,
Die Erfahrenen, die Neuen!

Zu den beliebtesten Ausflugszielen der Karlsbader Kurgäste gehören schon über 200 Jahre die *Hans-Heiling-Felsen.* Diese wildromantische Felsgruppe aus Granit steht nur einige Kilometer westlich von Karlsbad im Tal des Flusses Ohře (Eger). Der Sage nach stellen die Felsen eine durch Fluch versteinerte Hochzeit dar. Die schöne Gegend bewunderten auch solche Persönlichkeiten wie Goethe und Freud.
Nach kurzer Wanderung durch das anmutige Tal der Ohře kommen wir von den Hans-Heiling-Felsen in die alte Burgstadt *Loket* (Elbogen). Ihre Dominante ist die feste gotische Burg auf hohen Felsen. Die Stadt kennzeichnet eine wunderschöne Lage. Goethe schrieb am 1. Juli 1807 über Elbogen:
„Heute waren wir in Ellenbogen, das über alle Beschreibung schön liegt und sich als ein landschaftliches Kunstwerk von allen Seiten betrachten läßt."

Eine Kletterpartie
in den Hans-Heiling-Felsen

103

Den altehrwürdigen Charakter des Elbogener Marktplatzes mit der Dreifaltigkeitssäule krönt das barocke Rathaus aus dem Jahre 1687. Der Humanist Bruschius bezeichnete im Jahre 1542 Elbogen als den Schlüssel zu Böhmen. Diese Äußerung sagt vieles über die geschichtliche Bedeutung der Stadt.

Fahren wir von Loket nach Horní Slavkov, so kommen wir an der *ältesten Porzellanfabrik in Böhmen* vorbei. Sie wurde im Jahre 1792 gegründet von dem Schlaggenwalder Bürger Johann Georg Paulus. Die Stadt *Horní Slavkov* (Schlaggenwald) blickt auf eine reiche Zinnbergbautradition zurück, die bis in das 14. Jahrhundert reicht. Ihre größte Blüte fällt in das 16. Jahrhundert. Der Ort hat viele, leider ziemlich vernachlässigte wertvolle Denkmäler aus der Zeit der Spätgotik und der Renaissance. Von imposanter Größe ist die hiesige Kirche des hl. Georg (1520). Eine Rarität bilden die erhaltene Richtstelle (Galgen) und eine Totenleuchte, beide aus dem 16. Jahrhundert.

Auf der Hochebene des Slavkovský les (Kaiserwald) liegt die *Stadt Krásno* (Schönfeld). Auch sie entstand im Mittelalter bei reichen Zinngruben. Ein Symbol von Krásno ist der sonderbare Aussichtsturm aus dem Jahre 1935. Er bietet eine schöne Fernsicht auf die höchsten Partien des *Slavkovský les.* Das waldige Dreieck zwischen den westböhmischen Bädern Karlsbad, Marienbad und Franzensbad bildet ein Naturschutzgebiet. Es hat ein Ausmaß von 640 km^2 und ist reich an Fichtenwäldern, Hochmooren und Mineralquellen. Man kann hier lange romantische Wanderungen durch menschenleere Waldgebiete unternehmen.

Zehn Kilometer westlich von Elbogen liegt inmitten eines umfangreichen Braunkohlenbeckens die Industriestadt *Sokolov* (Falkenau). Die erste historische Nachricht über Sokolov stammt aus dem Jahre 1279, als den Ort die Nothafts aus Bayern besiedelten. Das mittelalterliche Falkenau beherrschten lange die Elbogener Burggrafen Schlick. Im Jahre 1480 ließen sie das hiesige Schloß bauen. Es ist wenig bekannt, daß in der Umgebung von Falkenau in den früheren Jahrhunderten Hopfen angebaut wurde. Eine interessante Persönlichkeit der Stadt war im 19. Jahrhundert der Volksdichter Anton Fürnstein, dessen Talent selbst Goethe lobte.

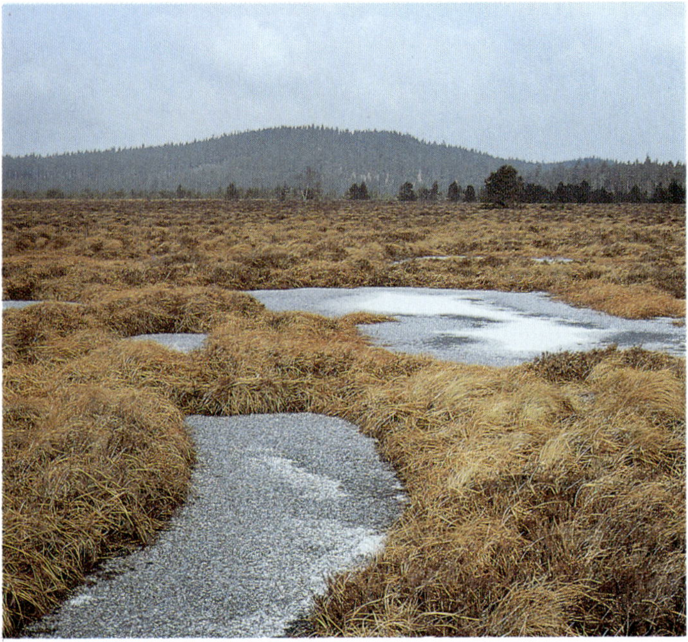

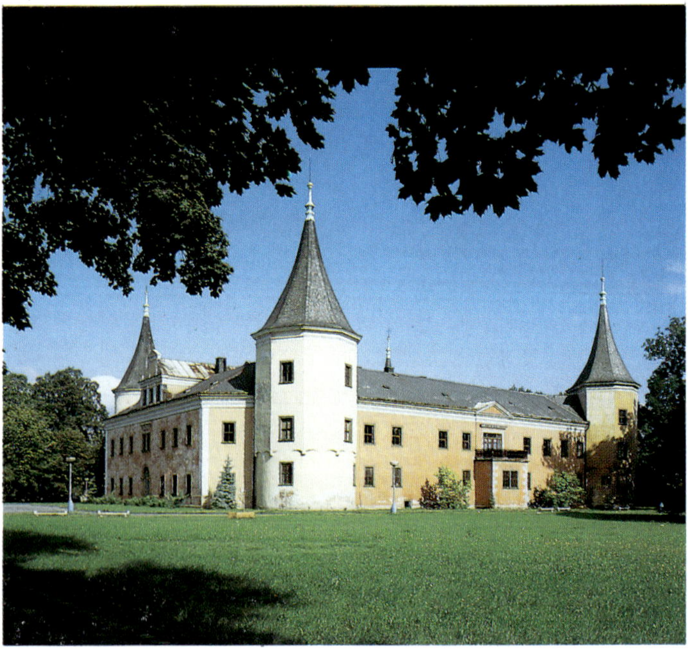

Der Marktplatz in Falkenau

*Ein Hochmoor im zentralen
Kaiserwald bei Schönfeld*

Das Schloß in Falkenau

Die Körnereiche, im Hintergrund das Theodor-Körner-Denkmal

Von den erhaltenen Denkmälern in Sokolov sind zu nennen das Schloß mit Museum, der barocke Brunnen (1717) mit der Statue eines Falkners (Wastl), die Pfarrkirche des hl. Jakob und das ehemalige Kapuzinerkloster aus dem 17. Jahrhundert.
Weit sichtbar liegt auf einer Anhöhe 5 km hinter Sokolov der Wallfahrtsort *Chlum nad Ohří* (Maria Kulm). Sein Wahrzeichen ist der großartige Bau der Maria-Himmelfahrts-Kirche. Sie wurde nach den Plänen des Barockarchitekten B. Matthay im Jahre 1720 vollendet. Auch diesen Ort beehrte J. W. Goethe mit seinem Besuch, den eine schlichte Gedenktafel bis heute bezeugt.
Aus dem Falkenauer Land kehren wir jetzt nach Karlsbad zurück und wenden uns dem Erzgebirge (Krušné hory) zu. In *Dalovice* (Dallwitz), nur einen „Katzensprung" von der Sprudelstadt Karlsbad entfernt, wächst die berühmte *Körnereiche*. Ihren Namen hat sie von Körners Besuch im Jahre 1810. Der junge Dichter besang den Riesenbaum im Gedicht „Die fünf Eichen in Dallwitz". Die Eiche soll ein Alter von 800 bis 1000 Jahre haben. Auf jeden Fall ist sie der älteste und größte Baum der Karlsbader

Die Bergstadt Platten
am Kamm des Erzgebirges

Schneesturm im Erzgebirge
– Blick zum Plessberg

Landschaft. Der Umfang seines Stammes beträgt volle 17 Meter! In das Erzgebirge führt uns das ehemals zinnreiche Flüßchen Rolava (Rohlau). Direkt am Fuße des Gebirges passieren wir die Stadt *Nová Role* (Neu-Rohlau) mit einer modernen Porzellanfabrik. Sehenswert ist hier die kleine romanisch-gotische Kirche in ursprünglicher Form.

Die Gebirgsstadt *Nejdek* (Neudek) hat eine reiche Bergbaugeschichte. Alt ist auch die Neudeker Textilindustrie (Kammgarnspinnerei) und Metallindustrie (Eisenwerk und Aluminium-Gießerei). Das Wahrzeichen von Nejdek ist der gotische Burgturm. Alle Ortschaften um Nejdek wurden von Bergleuten gegründet. In der ganzen Gegend hatte man im Mittelalter Zinn gegraben. Bis heute kann man hier noch viele verfallene Stollen, Seifenhügel und andere Spuren des alten Bergbaues finden. Nejdek hat ein vielbesuchtes Heimatmuseum.

Unser Ausflug in das Erzgebirge führt weiter in die höchsten Kammgebiete, die 900 bis 1100 Meter über dem Meer liegen. Dort befinden sich die Städtchen *Horní Blatná* (Bergstadt Platten), *Pernink* (Bärringen), *Abertamy* (Abertham) und *Boží Dar* (Gottesgab). Ihre Bauart ist überwiegend von Renaissance und Barock geprägt. Die meisten Ortschaften und Städtchen des oberen Erzgebirges gründeten Anfang des 16. Jahrhunderts sächsische Bergleute.

Bei Abertamy lohnt sich der Besuch des Berges *Plešivec* (Plessberg, 1028 Meter), auf dessen Gipfel ein Aussichtsturm aus dem Jahre 1895 steht. Horní Blatná hat ein kleines Zinnbergbaumuseum. Den Besuch im Museum sollte man mit einer Besichtigung der verlassenen Bergwerke des hl. Wolfgang und des hl. Georg auf dem Berg Blatenský vrch (Plattenberg, 1043 Meter) ergänzen. Die eingestürzten Schächte tragen in der Neuzeit romantische Namen – *Wolfspinge* (Vlčí jámy) und *Eispinge* (Ledová jáma).

In *Boží Dar* (Gottesgab) gibt es seit 1971 einen Grenzübergang nach Deutschland. Eine Sehenswürdigkeit des Ortes ist ein riesiges *Hochmoor* mit seltener Flora. Durch den Naturpark Božídarské rašeliniště führt ein Lehrpfad. In den Jahren 1929–31 lebte in Boží Dar der griechische Schriftsteller Nikos Kazantzakis.

Blick auf Gottesgab vom Lehrpfad durch das Hochmoornaturschutzgebiet

Hochmoor im westlichen Erzgebirge

110

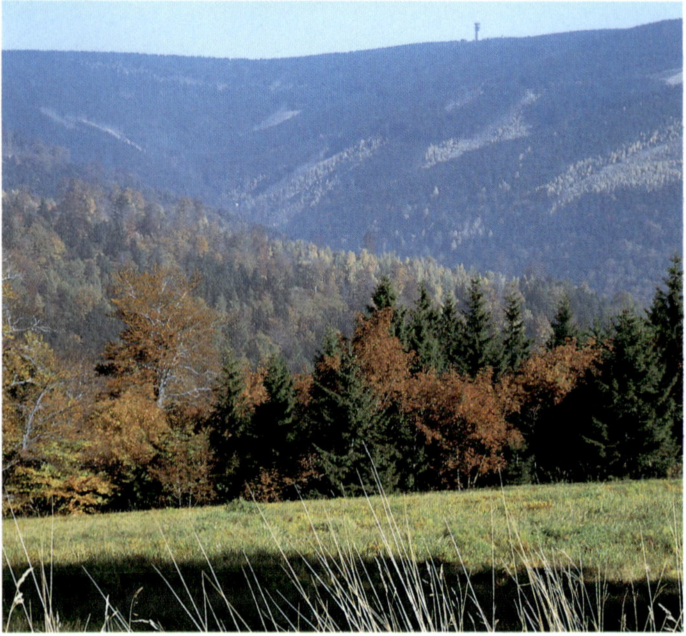

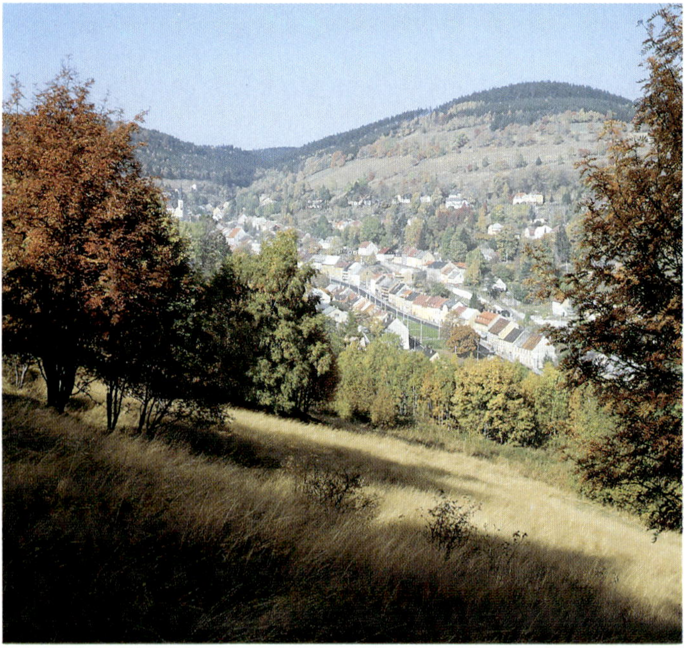

Nun nahen wir uns schon dem höchsten Gipfel des Erzgebirges. Es ist dies der *Klínovec* (Keilberg, 1244 Meter). Seine Aussichtswarte wurde 1884 gebaut. Der Keilberg ist das Zentrum des Wintersports im Karlsbader Gebiet.

Am Fuße des Keilbergs liegt die ehemals berühmte Bergstadt *Jáchymov* (St. Joachimsthal). Sie wurde im 16. Jahrhundert bekannt durch ihren Silberbergbau, Prägungen der Silbertaler und eine blühende Renaissance-Kultur. Im Jahre 1906 ist Jáchymov ein Radiumbad geworden, seine radiumhaltigen Mineralwässer nutzt man als Thermalbäder. Im Joachimsthaler Uranpecherz entdeckte das Ehepaar Curie im Jahre 1898 Radium und Polonium. Mit Recht wird Jáchymov als die Wiege der Uranförderung des beginnenden Atomzeitalters bezeichnet.

Nun verlassen wir das Erzgebirge und fahren bergab zurück ins Egertal. Dabei können wir die Städte *Ostrov* (Schlackenwerth) und *Hroznětín* (Lichtenstadt) besuchen. In Ostrov sollte man auf alle Fälle das barocke Lusthaus mit Kunstgalerie besichtigen (1683). Ein wertvolles Denkmal ist auch die romanische Friedhofskirche des hl. Jakob (1226). In Hroznětín liegt einer der ältesten jüdischen Friedhöfe in Böhmen (15. Jahrhundert).

Nahe bei Hroznětín haben die Sommerurlauber gute Bademöglichkeiten am *Velký rybník* (Großer Teich).

Anmutige Landschaftsbilder bietet das *Naturschutzgebiet Stráž nad Ohří* (Warta). Es befindet sich im mittleren Egertal etwa 20 Kilometer nordöstlich von Karlsbad. Den Mittelpunkt des Gebietes bildet die Ruine der gotischen Burg Himmelstein auf schroffem Felsengrunde hoch über dem Tal der Eger. Eine historische Seltenheit finden wir bei *Stráž nad Ohří* – den sogenannten *Zollsteg.* Es ist ein in Felsen geschlagener Abschnitt des uralten Handelsweges durch das Egertal. Nahe bei Stráž nad Ohří in

*Spätgotische Spitalkirche
in St. Joachimsthal*

*Das barocke Lusthaus mit Kunstgalerie
in Schlackenwerth*

Korunní (Krondorf) liegt die Quelle des gleichnamigen beliebten Mineralwassers (Krondorfer Sauerbrunn).
Über die Ortschaften Velichov (Welchau), Radošov (Rodisfort)
und den Kurort Kyselka (Gießhübl-Sauerbrunn) setzen wir unsere Reise in Richtung Karlsbad fort. Unser Begleiter ist der Fluß

Ohře (Eger). Das wunderschön gelegene *Kyselka* ist der Ur-
sprungsort des weltbekannten Mattonis-Gießhübler Mineralwassers.

Das Trinkwasser nach Karlsbad leitet die *Talsperre bei Stanovice*
(Donawitz). Diese bildet die größte künstliche Wasserfläche der
Karlsbader Landschaft. Einer ihrer Zuflüsse ist der Bach Javorná
(Schwarzwasser). In seinem Tal findet man bei *Javorná* (Gab-
horn) einen großen *Wackelstein* mit alten Inschriften aus dem
18. Jahrhundert. Der Granitblock steht unter Naturschutz.

Ein Kleinod des Tepltales (Teplá) kann man die alte gotische
Burgstadt Bečov (Petschau) nennen. Auf der Burg wurde im Jahre 1985 ein lange verschollenes Kunstdenkmal gefunden – der
romanische Reliquienschrein des heiligen Maurus.

Am Oberlauf des Teplflusses (Teplá) nehmen die Waldflächen
ab. Der Wanderer schreitet da durch unendliche Felder und
Wiesen. Sie wurden schon vor Jahrhunderten durch die uner-
müdliche Tätigkeit der Mönche des *Prämonstratenserstiftes Teplá* (Tepl) urbar gemacht. Der böhmische Adelige Hroznata gründete das Kloster im Jahre 1193. Viele tausende Besucher kommen jedes Jahr, um die romanische Stiftskirche und die historische Bibliothek zu sichten. Im Sommer finden im Kloster Orgel-
konzerte statt.

Blick vom Schömidzstein
gegen das Duppauer Gebirge

*Die Eisenbahnstrecke Karlsbad–Marienbad
im Tepltal bei Petschau*

Im Tal der Tepl liegt die gotische Burgstadt Petschau

Der Südosten der Karlsbader Landschaft, das Gebiet der Tepelská vrchovina (Tepler Hochebene) hat vorwiegend landwirtschaftlichen Charakter. Wichtige Siedlungszentren bilden hier die Städte *Toužim* (Theusing), *Žlutice* (Luditz), *Chyše* (Chiesch) und *Bochov* (Buchau). In Žlutice gedenkt man gerne der alten Hussiten-Tradition (Museum) und zeigt den Besuchern umfangreiche mittelalterliche Kellerräume unter dem Marktplatz. In Chyše wirkte der bedeutende tschechische Schriftsteller Karel Čapek (1890–1938).

Von Bochov aus ist es nicht mehr weit nach Karlsbad. Wir waren den ganzen Tag unterwegs und sind nun müde. Schnell kommt die Dämmerung. Das Egertal erhellen Abendlichter des Kurortes. Bevor wir zum Sprudel hinabfahren, begrüßen uns noch die vom Mondschein sagenhaft verzauberten Silhouetten der Burgruinen *Hartenštejn* (Hartenstein) und *Andělská hora* (Engelsburg).

Mit Goethes Worten haben wir diese kurze Wanderung durch die Karlsbader Landschaft eingeleitet, mit Goethes Beurteilung derselben wollen wir uns auch verabschieden:

So sehr man auch die Gegend kennt, so wird man doch immer durch ihre bedeutende Mannigfaltigkeit überrascht. Sie erscheint mir wie ein höchst interessantes Märchen, das man oft gehört hat und nun wieder vernimmt.

(1818)

118

Die historische Bibliothek des Klosters Tepl

Literatur:

1 Becher, David: Neue Abhandlungen vom Carlsbade. Prag 1772.
2 Stöhr, August Leopold: Kaiser Karlsbad und dieses weit berühmten Gesundheitsortes Denkwürdigkeiten. Karlsbad 1812.
3 Lenhart, Josef Johann: Carlsbads Memorabilien. Prag 1840.
4 Loew, Anton Carl: Chronik von Karlsbad. Karlsbad 1874.
5 Karlsbad. Festschrift zur 74. Versammlung deutscher Naturforscher und Ärzte. Karlsbad 1902.
6 Ludwig, Karl: Alt-Karlsbad. Karlsbad 1920.
7 Gnirs, Anton: Karlsbad in seiner ältesten Vergangenheit. Karlsbad 1925.
8 Karlsbad im Munde seiner Gäste. Karlsbad 1932.
9 Karell, Viktor: Goethe als Karlsbader Kurgast. Karlsbad 1939.
10 Karlovy Vary – Stadtführer. Prag 1966.
11 Karell, Viktor: Karlsbad von A bis Z. München 1971.
12 Wajs, Miloslav: Westböhmen in Goethes Leben, Werk und Wirken. Pilsen 1972.
13 Die Karlsbader Landschaft. Das Buch der Heimat. Wiesbaden 1974.
14 Schubert, Heinz: Karlsbad. Ein Weltbad im Spiegel der Zeit. München 1980.
15 Karlsbad. Eine Dokumentation. Wiesbaden 1981.
16 Mráz, Bohumír – Neubert, Ladislav: Karlovy Vary. Prag 1983.
17 Halámek, Zdeněk – Wieser, Stanislav: Krajem léčivých vod. Pilsen 1989.

Karten:

1 Karlovy Vary – Stadtplan. Prag 1989.
2 Západočeské lázně (Westböhmische Bäder). Prag 1986.
3 Krušné hory (Erzgebirge). Prag 1988.
4 Tschechoslowakei. Egerland-Nordböhmen. Dietzenbach, Höfer-Verlag 1990.

Inhalt